BHAGAVAD GITA

KRISHNA DVAPAYANA VYASA

BHAGAVAD GITA

TRADUZIDA DAS VERSÕES INGLESA E ALEMÃ E
ENRIQUECIDA COM NOTAS EXPLICATIVAS POR
HUBERTO ROHDEN

Sumário

Introdução: Atitude fundamental do Bhagavad Gita   7

Bhagavad Gita
A sublime canção

1	Ignorância e sofrimento de Arjuna	13
2	Revelação da verdade	23
3	Ioga de ação	39
4	Da experiência espiritual	49
5	A sabedoria do desapego	61
6	Exercícios de meditação	69
7	Sabedoria da visão espiritual	81
8	Integração na suprema divindade	89
9	Santificação interna pelo mistério sublime	99
10	Das manifestações de Brahman no universo	109
11	A visão da forma cósmica de Brahman	121
12	Do amor universal	135
13	Relação entre corpo e alma	143
14	Vitória sobre as três forças da Natureza	153
15	A experiência do espírito supremo	163
16	O destino dos insensatos	171
17	Os três motivos de agir	179
18	Ioga da libertação total	187
Glossário		201

Introdução
Atitude fundamental do Bhagavad Gita

HUBERTO ROHDEN

Segundo a concepção cósmica da filosofia oriental, toda a atividade do homem profano é fundamentalmente trágica, eivada de culpa, ou karma, porque quem age é o ego, e esse ego é uma ilusão funesta, e tudo o que o ego ilusório faz é necessariamente negativo, contaminado de culpa e maldade.

Se tal é toda e qualquer atividade do homem profano, então estamos diante de um dilema inevitável: ou agir e onerar-se de culpa — ou não agir e assim preservar-se da culpa.

Grande parte da filosofia oriental optou pela segunda alternativa do dilema: não agir, entregar-se a uma total inatividade, abismar-se numa eterna meditação passiva, a fim de não aumentar o débito negativo do karma.

O *Bhagavad Gita*, porém, não recomenda nenhuma dessas duas alternativas: nem o não agir e preservar-se de culpa, nem o agir e cobrir-se de culpa. O *Gita* descobriu um terceiro caminho: o do agir sem culpa ou karma.

O *Bhagavad Gita* recomenda o caminho do reto-agir, equidistante do falso-agir e do não agir.

Como pode o homem agir sem se onerar de culpa?

O falso-agir é um agir por amor ao ego; mas o reto-agir age por amor ao Eu, embora por meio do ego, e assim a sua atividade não é culpada.

O reto-agir, por amor ao Eu verdadeiro, não só não cria uma nova culpabilidade no presente e no futuro, mas neutraliza também o karma do falso-agir do passado, libertando assim o homem de todos os seus débitos.

É nisso que consiste a suprema sabedoria do *Bhagavad Gita*.

Mas para que o homem possa agir assim, por amor ao Eu verdadeiro, deve conhecer esse Eu, deve conhecer a verdade sobre si mesmo.

É o que Krishna explica a seu discípulo Arjuna nos 18 capítulos que perfazem o diálogo deste poema metafísico; autoconhecimento para tornar possível a autorrealização pelo reto-agir.

A quintessência do *Gita* é, pois, um convite para o reto-agir, porque o homem não se realiza nem pelo não agir, nem pelo falso-agir.

A alma do *Bhagavad Gita* é um poema de autorredenção pela autorrealização baseada em autoconhecimento.

Homem, conhece-te a ti mesmo!

Homem, realiza-te!

* * *

A presente tradução baseia-se em dois magníficos textos ingleses, os quais, por seu turno, são a reprodução do próprio texto original sânscrito. Temos sobre a mesa o texto do exímio indiólogo Sir Edwin Arnolds, e o texto de Swami Premanda (hindu), sendo que este último, discípulo de Paramahansa Yogananda, foi durante vários anos nosso guru ou mestre espiritual de iniciação em *Ioga* e *Kriya-ioga*. Em alguns trechos obscuros recorremos à maravilhosa tradução alemã de Franz Hartmann e à obra monumental Der Yoga, de J. W. Hauer.

Surgiu há algum tempo, nos Estados Unidos, publicada pela Macmillan Publishers e recentemente traduzida para nossa língua, uma luxuosa edição ilustrada desse livro milenar, reproduzindo o texto completo do *Bhagavad Gita* em caracteres sânscritos, eruditamente comentado por Bhaktivedanta Swami Prabhupada. Fizemos uma minuciosa conferência da tradução inglesa dessa edição com nosso texto em português e verificamos a sua essencial identidade.

BHAGAVAD GITA

I

Ignorância e sofrimento de Arjuna

O jovem príncipe Arjuna perdeu seu trono e reino, usurpados por seus parentes. Desanimado, recusa-se a lutar pela reconquista.

Aparece então Krishna e faz ver a Arjuna que deve reconquistar seu trono e reino, mesmo matando os usurpadores.

Alguns intérpretes, mesmo orientais, veem nas palavras de Krishna um convite para uma guerra justa, em sentido físico, tomando suas palavras literalmente.

Outros, porém — entre eles Rabindranath Tagore, Mahatma Gandhi e outros iniciados —, interpretam as palavras de Krishna em sentido simbólico, como aliás toda a luta de Arjuna contra os usurpadores, entendendo que Arjuna é o Eu humano cujo reino foi usurpado pelo ego, e Krishna é o Eu plenamente realizado, que convida Arjuna a fazer sua autorrealização, derrotando seus parentes — os sentidos, a mente e as emoções —, que, no homem profano, usurpam injustamente o domínio do divino Eu.

E como essa reconquista só é possível pelo conhecimento da verdadeira natureza humana, os 18 capítulos do B*hagavad Gita* se resumem numa extensa explicação do autoconhecimento humano, indispensável para sua autorrealização.

Nesse sentido, simboliza o poema da *Sublime Canção* uma paráfrase, ou um paralelo, a outros poemas da humanidade, como seja o Gênesis da *Bíblia*, em que o sopro de Deus (Eu) derrotado pelo sibilo da serpente (ego) é convidado a reconquistar o seu reino divino, "esmagando a cabeça da serpente".

DISSE DHRITARÂSHTRA,[1] REI DOS KURUS, FALANDO COM O FIEL SANJAYA:

1

"Conta-me, ó Sanjaya, os feitos dos meus guerreiros e os do exército dos Pandavas, quando se reuniram para se combaterem no sagrado campo dos Kurus."

FALA SANJAYA (O HISTORIADOR):

2

"Quando o teu filho Duryôdhana,[2] o comandante supremo dos teus exércitos, ó rei, avistou as falanges dos Pandavas,[3] preparadas para o combate, aproximou-se do seu preceptor Drona, o filho de Bharadvaja, e disse:

3

Vê, ó Mestre, as poderosas multidões dos filhos de Pandu, que constam de vastas fileiras de guerreiros experientes e audaciosos, comandadas pelo valente e sábio filho de Drupada, teu discípulo.

4

Vê como é grande o número daqueles combatentes fortes que ali estão em seus carros de guerra e com seus arcos e flechas. Há, entre eles, heróis iguais a Bhima[4] e Arjuna.[5]

5

Lá estão: Virâta, Yuyudhâna, Drupada, Dhristakêtu, Chekitâna, o rei dos Kasis, Purujit, Kuntiboja, Saivya.

---

[1] Dhritarâshtra: representante da Vida Material (forças cegas).
[2] Dificilmente vencível; obstinação.
[3] Os Kurus representam as forças inferiores da alma humana; os Pandavas (ou filhos de Pandu), as forças superiores.
[4] Bhima (terrível) é a vontade espiritual.
[5] Arjuna é o homem em seu desenvolvimento.

6

Ali estão: o audaz Yudhâmanyo, o forte Uttamauja, o filho de Subhadra e todos os filhos de Drupada.[6]

7

Porém, igualmente do nosso lado, sob o meu comando, encontras os melhores generais e heróis do nosso povo.

8

Aqui estás tu mesmo, e conosco estão Bhishma, Karna, Kripa, Asvatthâman, Vikarna, Somadatti.

9

Todos esses e muitos outros guerreiros fortes, valentes e experimentados, trazendo as suas armas favoritas, prontos estão para combater por nossa causa e, com entusiasmo, arriscarão a vida por mim.

10

Porém, ó Mestre, hei de confessar-te que este nosso exército, se bem que muito valente e comandado por Bhishma,[7] na minha opinião não tem o número e a força suficientes, enquanto em nossa frente está o inimigo, comandado por Bhima, em posição ameaçadora, e muito mais forte.

11

Ordena, pois, aos capitães do meu exército que todos ocupem os seus lugares e que se preparem para auxiliar e defender o nosso comandante Bhishma."

---

[6] Os heróis mencionados aqui e nos seguintes versículos representam forças intelectuais, inclinações, faculdades, paixões, artes e ciência. Os "carros" são os corpos pelos quais essas forças se manifestam no homem. As forças inferiores são servidoras do egoísmo e do instinto cego, ao passo que as superiores agem em harmonia com a Vontade Divina.

[7] Bhishma (terror) é o egoísmo. O exército dos Kurus, isto é, as forças inferiores, tem por chefes o egoísmo e a obstinação; o exército pandava, isto é, as forças espirituais, superiores, obedece à Vontade Divina.

12

Soprou então Bhishma, o velho chefe dos Kurus, em sua grande corneta, e o seu toque soou como o rugido do leão, excitando a coragem e o ânimo de seus guerreiros.

13

E, em resposta, imediatamente se ouviu o som tumultuoso de inumeráveis outras cornetas e conchas, címbalos, tambores e trombetas, nas falanges dos Kurus.

14

Igualmente deram sinal bélico Krishna, a encarnação de Deus, e Arjuna, filho de Pandu, que estavam em seu magnífico carro de guerra, ornado com ouro e pedras preciosas, e puxado por cavalos brancos.[8] E responderam os instrumentos dos Pandavas em som repetido e desafiador, como o som de trovão violento.

15

A corneta que tocava Krishna, o dominador dos sentidos, fora feita de osso de gigante. O nome da corneta de Arjuna era Devadatta (dom de Deus).

16

O forte Bhima tocava a corneta com o nome de Paundra (o Povo). Yudishtira, filho de Kunti, a "Vitória"; Nakula e Sahadeva tocavam a "Harmonia" e a "Glória".

17

Ouvia-se o toque dos famosos guerreiros Kâsya, Sikhandin, Dhrishtadyumna, Virâta, Satyaki;

18

E de Drupada e seu povo, e dos filhos valentes de Subhadra.

---

[8] Branco é o símbolo da pureza; cavalo, o símbolo da força e da obediência.

19

E vibrou o ar, como quando se prepara uma horrível tempestade, e a superfície da terra vibrou no mesmo ritmo. E o povo de Dhritarâshtra estremeceu aterrorizado.

20

Então Arjuna, em cuja cimeira figurava um macaco,[9] vendo que os Kurus estavam já em ordem de batalha, e que as flechas começavam a voar pelos ares, tomou na mão o seu arco e disse a Krishna, que estava com ele no carro:

21

"Faze parar, ó Imutável, o nosso carro no meio do espaço entre esses dois exércitos opostos.

22

Quero ver de perto os que aqui estão reunidos com o desejo de nos matar, e com os quais devo travar sangrento combate.

23

Deixa-me ver os meus inimigos, os partidários insensatos do malicioso e vingativo filho de Dhritarâshtra".

24

Quando Arjuna assim falou, Krishna fez parar o carro no meio do espaço entre os dois exércitos contrários.[10]

25

Ali, diante de Bhishma, Drôna e dos outros principais da terra, disse Krishna a Arjuna: "Vê, ó filho de Prithi, a família dos Kurus, ali reunida!".

---

[9] Tomado como símbolo da audácia e do engenho.
[10] Antaskârana, a "ponte" ou o "caminho" entre a terrena e a divina parte da mente.

FALA SANJAYA:

26

Então viu Arjuna, nos dois exércitos, homens ligados a ele pelos vínculos do sangue: pais, avós, mestres, primos, filhos, netos, sogros, colegas e outros amigos — todos armados em guerra contra ele.

27

Com o coração dilacerado de dor e profundamente condoído, assim falou ele:

FALA ARJUNA:

28

Ó Krishna! Ao reconhecer como meus parentes todos esses homens, que devo matar, sinto os meus membros paralisados, a língua ressequida no paladar, o coração a tremer e os cabelos eriçados na cabeça... Falha a força do meu braço... Cai-me por terra o arco que tendera...

29

Mal me tenho em pé... Ardem-me em febre os membros... Confusos estão os meus pensamentos... A própria vida parece fugir de mim...

30

Nada enxergo diante de mim senão dores e ais... Que bem resultaria daí, ó Keshava,[11] se eu trucidasse meus parentes?

31

Não, Krishna, não quero vencer. Não quero, desse modo, conquistar soberania e glória, riqueza e prazer.

---

[11] Keshava: um dos muitos apelidos de Krishna (literalmente "de linda cabeleira").

32

Ó Govinda,[12] como poderia semelhante vitória dar-me satisfação? Como me compensariam esses espólios da perda que sofreria? E que gozo teria ainda a minha vida, se a possuísse pelo preço do sangue dos únicos que me são caros, e sem os quais a vida me seria sem valor?

33

Avós, pais e filhos, aqui os vejo. Mestres, amigos, cunhados, parentes — não, não os quero matar, ó, Senhor dos mundos! Nem que eles anseiem por derramar o meu sangue.

34

Não os matarei, Madhusudana,[13] ainda que com isso lograsse domínios sobre os três mundos — menos ainda me seduz a posse da terra.

35

Dores somente me caberiam por semelhante mortandade.

36

Mesmo que os filhos dos Dhritarashtras sejam pecadores, sobre nossa cabeça recairia a culpa, se os matássemos. Não, não é lícito matá-los. E como poderíamos ser felizes sem os nossos parentes, ó Madhava?[14]

37

E se eles, obsedados de cobiça e cólera, não veem pecado na rebeldia e no sangue derramado?

38

Como poderíamos nós fazer o mesmo, ó Santo? Nós que vemos pecado em matarmos nossos parentes?

---

[12] Govinda: outro apelido de Krishna (literalmente "dono da vaca").
[13] Madhusudana: outro apelido de Krishna.
[14] Madhava: mais um dos apelidos de Krishna.

39

Quando uma tribo se corrompe, perece a piedade, e com ela perece o povo — a impiedade é contagiosa!

40

Corrompe-se a mulher, mesclando o puro com o impuro,[15] e abre-se o inferno ao destruído e ao destruidor.

41

Até as divindades,[16] privadas dos sacrifícios, tombam dos céus.

42

E essa mescla de puros com impuros produz a ruína das famílias.

43

E o destino do destruidor é o inferno, consoante as escrituras.

44

Ai, que desgraça seria se trucidássemos nossos parentes, levados pela ambição do poder!

45

Bem melhor seria se nos rendêssemos aos inimigos armados e nos deixássemos matar na luta, sem armas nem defesa.

46

Assim dizendo, em pleno campo de batalha, deixou-se Arjuna tombar no assento da quadriga, e das mãos lhe caíram arco e flechas, porque trazia o coração repleto de amargura.

---

[15] Literalmente "castas (puras) com castas (impuras)".
[16] Literalmente "ancestrais", que eram divinizados.

2
Revelação da verdade

No meio desse desânimo de Arjuna, o ego humano, aparece Krishna, o Eu divino do homem, e lhe dá ordem para derrotar os usurpadores do seu trono e reino.

Arjuna, porém, recusa-se a derrotar os inimigos, por serem todos seus parentes, e faz ver a Krishna que é melhor ficar sem seu trono e reino do que recuperá-los à custa da morte de seus adversários.

Krishna, todavia, insiste em que Arjuna derrote os usurpadores do seu reino, uma vez que a justiça deve prevalecer contra a injustiça.

Pelo texto literal do poema, Krishna exige de Arjuna que mate seus inimigos, fazendo ver que o mal não está em privar alguém do seu corpo físico, uma vez que ninguém pode matar a alma de outrem.

Os intérpretes que seguem esse sentido literal fazem ver que o mal não consiste no ato físico de matar alguém, e, sim, na atitude metafísica do ódio, e que, se alguém matasse outro sem ódio, não praticaria nenhum mal.

Essa interpretação, altamente metafísica, supõe uma humanidade inexistente aqui na terra; a humanidade do presente deve guiar-se pela proibição categórica "não matarás".

Em face disso, e em vista de uma humanidade imperfeita, os mestres espirituais preferem interpretar simbolicamente a luta de Arjuna e a ordem de Krishna para matar seus inimigos. Segundo esse sentido alegórico, Arjuna tem ordem do seu Eu divino para superar o ego humano e conquistar o trono da sua sabedoria espiritual. É fora de dúvida que, para o grosso da humanidade atual, é preferível essa interpretação alegórica, embora não seja talvez o sentido literal do texto.

Pelo fim deste capítulo, entra o *Bhagavad Gita* propriamente no âmago do seu objetivo: a prática da verdadeira ioga, pela qual o homem se liberta totalmente da escravidão do seu ego físico, mental e emocional. Nos 16 capítulos subsequentes, desenvolve Krishna este tema central da filosofia hindu: a autorrealização do homem pelo autoconhecimento.

FALA SANJAYA:

1

A ele, que estava repleto de amargura e com os olhos cheios de lágrimas, dirigiu-se Madhusudana e o consolou com as seguintes palavras:

FALA KRISHNA:

2

Neste momento decisivo, ó Arjuna, por que te entregas a semelhante desânimo, indigno de um Ariano,[1] e que te fecha os céus?

3

Não cedas à fraqueza, que de nada serve. Enche-te de coragem contra teus inimigos e sê o que realmente és![2]

FALA ARJUNA:

4

Mas como posso lutar, ó Madhusudana, e lançar flechas contra Bhishma e Drona,[3] se ambos merecem a minha reverência e simpatia?

---

[1] Ariano (ou Ário): nobre, valente.

[2] Krishna, o homem cósmico, anima Arjuna, o homem terrestre, a ser explicitamente o que ele é implicitamente, a atualizar as suas potencialidades latentes, a despertar em si o "Eu divino", "reino de Deus", como diria o Cristo.

[3] Bhishma e Drona: chefes dos dois exércitos adversos, simbolizando as principais forças do ego humano em luta contra o Eu divino no homem.

5

Bem melhor seria comer pão mendigado neste mundo do que trucidar esses grandes chefes. E se os matasse, manchado de sangue, que seriam toda a minha riqueza e os prazeres da terra?

6

Melhor seria sucumbir às mãos deles, donde deriva gozo e felicidade, do que matá-los, a esses, sem os quais não teria fim o vácuo da minha vida.

7

Com a alma repleta de temor e compaixão, eu te suplico, Senhor, faze-me saber qual o caminho certo. Eu, teu discípulo, refugio-me junto a ti para saber o que devo fazer e deixar de fazer.

8

De que me serviria um reino próspero se não me libertar de culpa? De que me serve possuir o mundo se os que amo não mais existem?

FALA SANJAYA:

9

Assim falava Arjuna ao Senhor dos corações. "Não, não quero lutar!", suspirou — e calou-se.

10

Krishna, porém, sorrindo benevolamente, ali mesmo, em face dos dois exércitos, assim falou ao desanimado:

FALA KRISHNA:

11

Andas triste por algo que tristeza não merece — e tuas palavras carecem de sabedoria. O sábio, porém, não se entristece com nada, nem por causa dos mortos, nem por causa dos vivos.

12

Nunca houve tempo em que eu não existisse, nem tu, nem algum desses príncipes — nem jamais haverá tempo em que algum de nós deixe de existir em seu Ser real.[4]

13

O verdadeiro Ser vive sempre. Assim como a alma incorporada experimenta infância, maturidade e velhice dentro do mesmo corpo, assim passa também de corpo a corpo — sabem os iluminados e não se entristecem.

14

Quando os sentidos estão identificados com objetos sensórios, experimentam sensações de calor e de frio, de prazer e de sofrimento — essas coisas vêm e vão; são temporárias por sua própria natureza. Suporta-as com paciência!

15

Mas quem permanece sereno e imperturbável no meio de prazer e sofrimento, somente este é que atinge imortalidade.

16

O que é irreal não existe, e o que é real nunca deixa de existir. Os videntes da Verdade compreendem a íntima natureza tanto disto quanto daquilo, a diferença entre o Ser e o parecer.

17

Compreende como certo, ó Arjuna, que indestrutível é aquilo que permeia o Universo todo; ninguém pode destruir o que é imperecível, a Realidade.

---

[4] Com essas e as seguintes palavras, procura Krishna mostrar a Arjuna que a destruição física do nosso corpo material não equivale à destruição metafísica do corpo imaterial, isto é, da individualidade. E o mal não está no fato objetivo da morte física, e sim na realidade metafísica da nossa alma.

18

Perecíveis são os corpos, esses templos do espírito — eterna, indestrutível, infinita é a alma que neles habita. Por isso, ó Arjuna, luta!

19

Quem pensa que é a alma, o Eu, que mata, ou o Eu, que morre, não conhece a Verdade. O Eu não pode matar nem morrer.

20

O Eu nunca nasceu nem jamais morrerá. E, uma vez que existe, nunca deixará de existir. Sem nascimento, sem morte, imutável, eterno — sempre ele mesmo é o Eu, a alma. Não é destruído com a destruição do corpo (material).

21

Quem sabe que a alma de tudo é indestrutível e eterna, sem nascimento nem morte, sabe que a essência não pode morrer, ainda que as formas pereçam.

22

Assim como o homem se despoja de uma roupa gasta e veste roupa nova, assim também a alma incorporada se despoja de corpos gastos e veste corpos novos.[5]

23

Armas não ferem o Eu, fogo não o queima, águas não o molham, ventos não o ressecam.

24

O Eu não pode ser ferido nem queimado; não pode ser molhado nem ressecado — ele é imortal; não se move nem é movido, e permeia todas as coisas — o Eu é eterno.

---

[5] Não afirma Krishna que o homem torna a vestir o mesmo corpo, velho, material, e, sim, que veste corpo novo, imaterial, como escreve São Paulo aos cristãos de Corinto: "Se há corpo material, há também corpo espiritual; pois nem todos os corpos são da mesma natureza. Importa que esse corpo corruptível revista a incorruptibilidade, e que esse corpo mortal revista a imortalidade".

25

Para além dos sentidos, para além da mente, para além dos efeitos da dualidade habita o Eu. Pelo que, sabendo que tal é o Eu, por que te entregas à tristeza, ó Arjuna?

26

Se o ego está sujeito às vicissitudes de nascer e morrer, nem por isso deves entristecer-te, ó Arjuna.

27

Inevitável é a morte para os que nascem; todo o morrer é um nascer — pelo que, não deves entristecer-te por causa do inevitável.

28

Imanifesto é o princípio dos seres; manifesto o seu estado intermediário; e imanifesto é também o seu estado final. Por isso, ó Arjuna, que motivo há para tristeza?

29

Alguns conhecem o Eu como glorioso; alguns falam dele como glorioso; outros ouvem falar dele como glorioso; e outros, embora ouçam, nada compreendem.

30

Eterno e indestrutível é o Eu, que está sempre presente em cada ser. Por isso, ó Arjuna, não te entristeças com coisa alguma.

31

De mais a mais, visando ao teu próprio dever, não vaciles, porquanto para um príncipe da classe dos guerreiros nada é superior a uma guerra justa.[6]

---

[6] Que entende Krishna por uma "guerra justa"? Evidentemente, a que não é travada em nome do ego, que age impelido por ódio, mas em nome do Eu espiritual, que age por amor a uma causa espiritual, sagrada, pois o mal da guerra não está em que o ego, hábil e perverso político, facilmente declare "justa" qualquer guerra travada em nome do ódio, camuflado de dever. Quando Jesus expulsou os vendilhões do templo, não agiu em nome do ego profano, mas do Eu sagrado. Mas onde estão os homens bastante crísticos para agir desse modo?... Guerra justa é superar o ego pelo Eu.

32

Felizes deveras são os guerreiros chamados a lutar numa batalha dessa natureza, que lhes vem espontaneamente como uma porta aberta para os céus.

33

Mas, se não combateres esse bom combate, incorrerás em pecado, pelo fato de abandonares o teu dever e a tua honra.

34

E os homens falarão de tua indelével desonra — e pior que a morte é, certamente, a desonra.

35

E os grandes chefes de guerra pensarão que fugiste do campo de batalha por covardia; e os que te dedicavam elevada estima te desprezarão.

36

E os teus inimigos falarão mal da tua bravura — e que coisa poderia haver pior do que essa?

37

Se fores morto na batalha, entrarás nos céus; se fores vencedor, gozarás a terra. Pelo que, Arjuna, tem coragem e resolve lutar!

38

Aceitando prazer e sofrimento, ganho e perda, vitória e derrota com a mesma serenidade de espírito, entra na peleja — e não pecarás!

* * *

39

O que até aqui te expus, ó Arjuna, é a doutrina sobre o Eu e o não Eu. Agora te revelarei o caminho de ioga, em virtude de cujo conhecimento e prática serás capaz de libertar-te da concatenação do teu próprio destino (karma).[7]

40

Na prática de ioga, nenhuma atividade redunda em perda, nem é possível uma aberração nesse caminho; qualquer progresso, na ioga, por menor que seja, liberta o homem da ominosa rotina de nascer e morrer (sansara).

41

Pela prática de ioga, torna-se a mente unipolarizada e calma, ao passo que a mente pluripolarizada se ramifica em pensamentos dispersivos sem fim.

42-44

Homens sem sabedoria deliciam-se na análise da simples letra dos Vedas,[8] declarando que nada há para além do texto. Os que estão cheios de desejos egoístas consideram o céu como meta final, louvando excessivamente complicados rituais e cerimônias multiformes, com o fim de conseguirem poder e prazer em encarnações futuras. Todos os que visam o poder e ao prazer têm da Verdade uma visão imperfeita, desorientados como estão no seu critério. Não acertaram com a senda da sabedoria.

---

[7] Insinuam essas últimas palavras que, até aqui, Krishna expôs a seu discípulo a doutrina dualista de Sankhya e que, a partir daqui, vai explicar-lhe a grandiosa verdade monista da ioga, isto é, "união" do Finito com o Infinito, em virtude da qual pode o homem, pecador pelo seu ego humano, realizar a sua redenção pelo Eu divino. Pecado e redenção, Satã e Cristo, estão, potencialmente, dentro de toda criatura humana. Perdição e redenção não vêm de fora do homem, mas são a evolução da sua própria natureza, dessa misteriosa dicotomia do ego-Eu. Essa entrada no nirvana do Cristo interno liberta o homem do karma do seu Lúcifer interno, como faz ver o Nazareno no "Sermão da Montanha", carta magna de autorredenção.

[8] Vedas — isto é, visão, conhecimento — é a Bíblia do Oriente, da qual faz parte o *Mahabharata*, que poderíamos considerar como o paralelo ao Novo Testamento, cujo coração é o Evangelho, comparável ao *Bhagavad Gita*. O que Krishna expõe a Arjuna sobre a letra e o espírito dos Vedas é um paralelo às palavras do apóstolo Paulo: "A letra mata, o espírito é que dá vida". Aos chefes da sinagoga, que só conheciam o texto bíblico, mas não o seu espírito, diz Jesus: "Guias cegos guiando outros cegos! Vós roubastes a chave do conhecimento (em grego *gnosis*, em sânscrito *vedas*) do reino de Deus; vós mesmos não entrais nem permitis que entrem os que desejariam entrar".

Perderam o caminho reto do seu destino. Não atingiram a experiência espiritual.

45

Os Vedas tratam dos três atributos[9] da Natureza. Tu, porém, Arjuna, remonta para além desses pares de opostos e estabelece-te firmemente na Verdade; não te apegues a lucros nem posses materiais; firma-te no Eu — e destarte encontrarás libertação deste mundo relativo e emancipação dos seus atributos.

46

Para o homem que em si realizou Brahman, o Espírito Absoluto, valem tanto os livros sagrados quanto valem para um lago as torrentes em tempo de enchente, quando há água por toda parte.

47

Agir é tua missão; mas não deves visar os frutos da tua atividade. Não permitas que a tua atividade seja inspirada pelo desejo dos seus frutos — mas não caias na inatividade!

48

Penetrado do espírito de ioga, ó príncipe, realiza os teus trabalhos e mantém-te em sereno equilíbrio, na certeza de que tanto o sucesso quanto o insucesso são bons. Essa serenidade interior é a ioga.

49

Trabalho sem a verdadeira compreensão e a consciência de Deus torna-se causa de escravidão. Por isso, ó príncipe, guia-te pela razão pura oriunda da visão do Eu. Os que trabalham com apego aos frutos da sua atividade são deploráveis mercenários utilitaristas.

50

Se seguires o caminho da razão pura guiada por uma visão perfeita, alcançarás a felicidade nesta vida, ultrapassando a consciência da virtude

---

[9] As "gunas", explicitadas no capítulo 14.

e do vício. Pelo que, segue firmemente esse caminho. Ioga dá sabedoria em tudo.

51

Sábios dotados de perfeita sabedoria não se apegam aos frutos do seu trabalho, e com isso se libertam para sempre da escravidão de nascimento e morte, e atingem o estado de beatitude absoluta.[10]

52

Quando o teu conhecimento se libertar de qualquer ilusão, então compreenderás a verdade daquilo que ouviste e ainda ouvirás, e te possuirás a ti mesmo imperturbavelmente.

53

Anuviou-se a tua mente e dúvidas se apoderaram de ti porque deste ouvidos a opiniões contraditórias; quando ela se tornar pura, iluminada e firmemente estabelecida no Eu, então atingirás a tua autorrealização.

FALA ARJUNA:

54

Explica-me, ó Mestre, quais as características de um homem que tenha atingido perfeita sabedoria por experiência espiritual absoluta (samadhi); como fala um homem autorrealizado? Como é que ele vive e age?

---

[10] Enquanto o homem continua apegado aos frutos do seu trabalho — dinheiro, louvores, reconhecimento, gratidão, resultados objetivos de qualquer espécie, até mesmo o céu como prêmio externo —, prossegue ele no caminho infeliz do sansara, do nascer, viver e morrer; mas se se libertar desse apego e trabalhar com perfeição, entusiasmo e alegria, sem pensar nas consequências externas do trabalho, nem mesmo num céu objetivo e póstumo, então entrará na grande liberdade do nirvana, que é um glorioso e eterno viver, sem nascer nem morrer. A reencarnação física é um castigo que o homem inflige a si mesmo por não se ter libertado plenamente da escravidão do "ter" e entrado na liberdade plena do seu "ser".

FALA KRISHNA:

55
Quando o homem é perfeitamente liberto de todos os desejos do ego finito e alcança a paz da alma pela realização do Eu divino, então é um homem de perfeita sabedoria.

56
Quando alguém permanece calmo e sereno no meio de sofrimentos, quando não espera receber do mundo objetivo permanente felicidade e quando é livre de apego, medo e ódio — então é ele um homem de perfeita sabedoria.

57
Quando não é apegado a um e indiferente a outro; enquanto não se alegra em excesso com o que é agradável, nem se entristece excessivamente com o que é desagradável — então é ele um homem de perfeita sabedoria.

58
Quando o iogue é capaz de retrair totalmente os seus sentidos dos objetos sensórios, assim como a tartaruga retrai para dentro de si os seus membros — então está firmemente estabelecido na sabedoria.

59
Pela prática da abstenção pode alguém amortecer os seus sentidos e torná-los insensíveis aos prazeres sensitivos; mas não se torna necessariamente insensível aos desejos deles; o desejo dos prazeres sensitivos cessa somente quando o homem entra em contato com o Espírito Supremo dentro dele.[11]

---

[11] Alusão à mais alta meta de Kriya-ioga: o completo domínio das forças vitais do kundalini pela compreensão espiritual. "Quem puder compreendê-lo, compreenda-o!"

60

Ó Arjuna! Os sentidos descontrolados arrebatam com violência a mente, até do homem sábio em demanda da perfeição, se ele não tiver a devida compreensão.

61

Por isso o iogue domina os seus sentidos, dirigindo-os a mim, e assim se torna ele firmemente estabelecido em mim, o Ser Supremo. O homem que tem perfeito domínio sobre os seus sentidos é um sábio.

62

Quem pensa sempre em objetos sensórios apega-se a eles; desse apego nasce o prazer e o prazer gera inquietação.

63

A inquietação produz ilusão; a ilusão destrói a nitidez da discriminação; e, uma vez destruída a discriminação, esquece-se o homem da sua natureza espiritual — e com isso vai rumo ao abismo.

64

Mas o homem que possui domínio sobre o mundo dos sentidos e da mente, sem odiar nada nem se apegar a nada, orientado pelo Eu central, esse encontra a paz.

65

Essa paz neutraliza todas as inquietações, e o homem que goza de paz goza verdadeira beatitude — e acaba por superar também os males externos.

66

Impossível a aquisição da sabedoria pela mente descontrolada; impossível a meditação para o homem inquieto! E, se o homem não encontrar a paz dentro de si, como pode ser feliz?

67

O homem sem domínio sobre a sua mente e seus sentidos é como um navio levado à mercê das ondas.

68

Homem de perfeita sabedoria é o que possui perfeito domínio sobre seus sentidos com relação aos objetos sensórios.

69

Onde para outros reina a escuridão, lá enxerga ele claridade; e onde o profano fala em dia cheio de luz, lá o vidente espiritual não vê senão a noite tenebrosa da ignorância.

70

Todos os rios deságuam no oceano, mas o oceano não transborda, e em suas profundezas reina imperturbável tranquilidade — assim é o homem iluminado pelo conhecimento de si mesmo: de todas as partes o invadem as impressões dos sentidos — e submergem todas no seu Eu imóvel e imperturbável.

71

Livre de todos os desejos, é o homem senhor, e não servo dos prazeres; livre de propriedade, une-se ele com o Todo e encontra a paz verdadeira.

72

Isso se chama viver na consciência de Brahman.[12] Quem atingiu esse estado nunca mais pode recair na ilusão antiga; e, vivendo nesse estado de consciência, o iogue alcança, finalmente, libertação absoluta, na experiência da sua união com Brahman (nirvana).

---

[12] Disse Deus: "Anda na minha presença e sê perfeito!" (Bíblia). Disse Jesus: "Orai sempre, e nunca deixeis de orar" (Evangelho). "Orar sempre" é uma permanente atitude do nosso Eu verdadeiro, um estado de consciência espiritual que permeia todos os atos externos. "Eu e o Pai somos um." "O Pai está em mim, e eu estou no Pai." "Já não sou eu que vivo — o Cristo vive em mim... O meu viver é o Cristo."

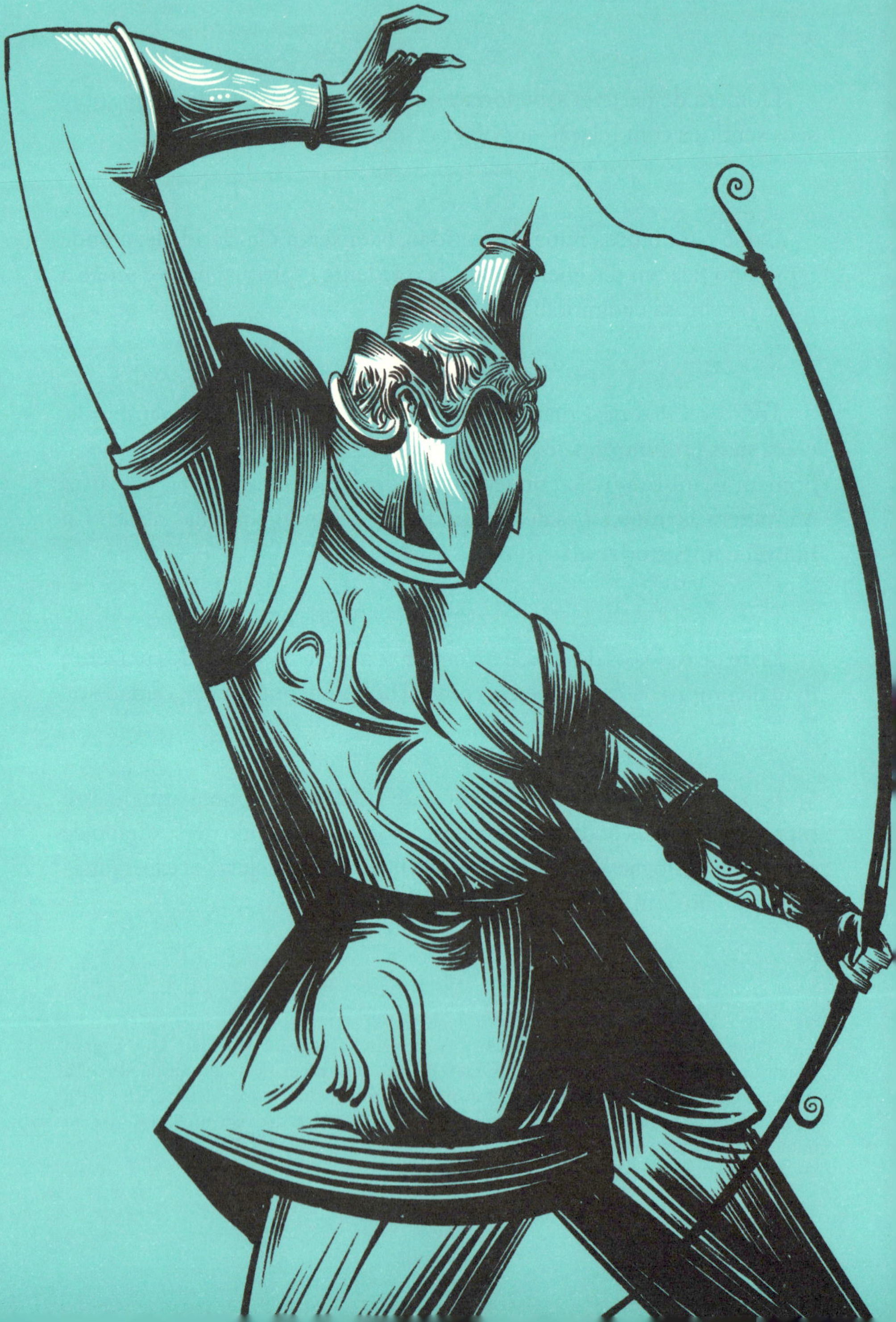

3

loga de ação

Neste capítulo aborda Krishna o assunto básico do *Bhagavad Gita* e de toda a filosofia cósmica da Índia: o *reto-agir* (naiskarman) substituindo o *falso-agir* (vikarman) e o *não agir* (akarman).

Existe no Oriente uma tendência de passividade, nascida da convicção de que todo o agir do homem profano é negativo, mau, pecaminoso, porque o homem profano age em nome de seu ego e por amor a ele, que é uma ilusão.

Krishna, porém, e outros mestres iluminados não advogam essa passividade do não agir, mas recomendam uma terceira atitude, equidistante do falso-agir do profano e do não agir do místico; insistem no reto-agir do homem cósmico. O reto-agir consiste em agir em nome e por amor do Eu central (Atman) do homem, embora o ego periférico (Aham) possa servir como canal e veículo dessas águas vivas que emanam da fonte divina do homem.

Para que seja possível essa terceira atitude do homem, é indispensável que ele conheça intuitivamente o seu Eu central, que em sânscrito se chama Atman, nos livros sacros do cristianismo aparece como alma ou espírito, e na filosofia e psicologia ocidental é denominado Eu (Self, Selbst). No Evangelho do Cristo, esse Eu central do homem aparece muitas vezes como Pai, Luz, Reino de Deus, Tesouro Oculto, Pérola Preciosa, etc.

Quando o homem age em nome desse seu Eu divino e por amor a ele, embora pelo seu ego humano, não somente não acumula débito ou karma, mas também se liberta dos débitos do passado.

De maneira que, no *Bhagavad Gita*, Krishna atinge o zênite da autorrealização do homem baseado no mais alto conhecimento do seu ser divino formando perfeito paralelo às palavras do Cristo: "Conhecereis a verdade e a verdade vos libertará".

DISSE ARJUNA A KRISHNA:

1

Ó Senhor Bendito! Se é verdade que mais vale a sabedoria do que a ação, por que então me convidas a me envolver nessa luta horrível?

2

As tuas palavras contraditórias encheram-me de confusão a mente. Pelo que, dize-me claramente: qual dos dois caminhos é melhor para mim?

RESPONDE KRISHNA A ARJUNA:

3

Já te disse, ó príncipe. Dois caminhos de libertação se abrem diante de ti: o caminho da sabedoria, para os que estão dispostos a meditar — e o caminho da ação, para os que preferem agir sem apego.

4

Entretanto, esses dois caminhos são um só: ninguém se liberta da escravidão do seu agir pelo fato de não agir — e ninguém atinge a perfeição interior só por desistir da atividade externa.

5

Ninguém pode existir um só momento sem agir; a própria natureza o compele a agir, mesmo sem querer; pensar também é agir no mundo mental.

6

Quem é externamente inativo, mas cede a desejos internos, este ilude a si mesmo.

7

Mas aquele que, pelo poder do espírito, alcançou perfeito domínio sobre seus sentidos e realiza todos os atos externos, ficando internamente desapegado deles — esse homem possui sabedoria.

8

Cumpre, pois, o teu dever consoante a lei! Atividade é melhor que inatividade! Até a conservação do teu corpo exige ação; nem há santidade sem ação.

9

Toda ação que não for praticada como um ato de culto divino redunda em escravidão. Pelo que, Arjuna, sê livre do apego e pratica os teus atos como um culto divino! Sejam as tuas atividades atos de adoração!

10

No princípio, quando o Senhor da criação fez os homens e lhes infundiu o anseio da perfeição, disse-lhes: "Ide e realizai a lei do vosso interior! Multiplicai-vos e, pelo cumprimento da lei interna, tereis abundância de tudo!

11

Descerá sobre vós a bênção dos seres superiores, se os cultivardes; e a prosperidade que demandais vos será dada como prêmio do culto que lhes prestardes".

12

Aquele, porém, que goza os dons dos seres superiores e prospera com seus favores, mas retém tudo para si, sem nada restituir aos céus donde veio — esse é ingrato e ladrão.

13

Os sábios, libertos da sua ignorância, vivem do fruto das suas atividades espirituais. Mas os que trabalham somente por lucro pessoal procedem mal e colherão o fruto dos seus atos maus.

14

Tudo vive do alimento material — mas o alimento material vem do imaterial. O imaterial é produzido pela invisível essência dos atos.

15

A fonte dos atos é Brahman,[1] o Uno que enche o Universo e está presente em todos os atos.

16

Quem não observa isto, ó Arjuna, quem recusa cumprir a ordem do mundo mediante seus atos e só visa o seu gosto pessoal, este aberra do seu destino e vive em vão.

17

Mas quem habita no céu do seu divino Eu, em harmonia consigo mesmo e sem desejos, esse não age mais por um dever, pois já não é ele que age, uma vez que todos os motivos pessoais deixaram de existir.

18

Porquanto, esse homem é uno com Aquele que não é afetado pelo que acontece ou não acontece no mundo externo; nem carece de auxílio algum.

19

Pelo que, realiza o teu trabalho para que aconteça o que deve acontecer, mas age sem apego nem interesse. Assim, atingirás o Ser Supremo e entrarás na perfeita quietação (nirvana).

20

Janaka e outros heróis alcançaram perfeição por meio de obras e ajudaram a humanidade — assim age também tu por amor à humanidade.

---

[1] Brahman (neutro) é a Divindade Universal, a Essência Absoluta; Brahma (masculino) é o Deus-criador, a Existência Relativa. Como Brahman, é Deus transcendente e incognoscível pelo cognoscente finito; como Brahma, é Deus imanente em qualquer criatura e, portanto, cognoscível pelo cognoscente finito. Como Brahman, é Deus tanto o *Todo* quanto o *Nada*, ambos inatingíveis pelo conhecedor finito; somente como Brahma, o Algo imanente na criação, é que o conhecedor finito pode ter consciência da Divindade, embora sempre imperfeita, uma vez que "o conhecido está no cognoscente segundo o modo do cognoscente".

21

Os outros aceitam o que o sábio lhes dá; as multidões imitam o exemplo dos mestres, sem pensarem se é bom ou mau.

22

Na tríplice manifestação do meu Universo, eu não sou forçado a agir; nada há que me prenda ou que eu procure possuir — e, no entanto, estou presente e ajo sem cessar em todas as coisas.

23

Se eu não agisse sem cessar e me retirasse das minhas manifestações, a humanidade em peso ficaria sem luz nem orientação e acabaria por se perder.

24

Se, por um só momento, eu deixasse de agir, pereceria o mundo inteiro,[2] vítima do caos — e minha seria a culpa da ruína da humanidade.

25

Assim como o insensato se esforça para realizar os seus desejos com apego, do mesmo modo deve o sábio esforçar-se para realizar os seus trabalhos liberto da ilusão do ego.

26

Não se limite o sábio a querer iluminar os que estão apegados aos sentidos e aos atos sensoriais, instruindo-os com palavras — pratique ele mesmo atos livres de apego tendentes à realização do Eu; destarte conduzirá os ignorantes à sabedoria por meio de atos.

---

[2] "Deus é pura atividade" (Aristóteles). "Meu Pai age sempre, e eu também ajo" (Jesus, o Cristo). A Realidade — dizem os grandes filósofos — não é um ser estático (*Sein, To be*), mas um devir dinâmico (*Werden, To become*). Paralelamente a essa intuição espiritual, descobriu a ciência nuclear dos nossos dias que o mundo físico, que aos nossos sentidos parece ser estático e sólido, é, na realidade, um processo dinâmico e fluido; no seu livro sobre o "Campo Unificado", afirma Einstein que a substância de todas as coisas — desde o hidrogênio até o urânio — é luz cósmica, radiação.

27

Todos os trabalhos e ações têm a sua origem nos três atributos da natureza; o insensato, obcecado pelo orgulho, quando realiza uma obra, pensa: "Sou eu que faço isto", "Fui eu que fiz aquilo".

28

Mas aquele que conhece, na verdade, as forças que movem a natureza, governam o mundo visível e conferem aos corpos as propriedades que eles possuem por algum tempo — esse não está ligado por tais obras, embora trabalhe e as realize pessoalmente.

29

Quem não conhece as forças ocultas pelas quais a natureza realiza as suas obras é ligado pelas obras da natureza; o sábio, porém, que conhece a verdade, não deve favorecer o erro dos outros.

30

Tu, porém, ó Arjuna, refere a mim, a fonte do Ser, todos os teus atos! Supera todos os desejos pessoais e o egoísmo! Liberta-te de apego e de tristeza!

31

Os que estão repletos do meu espírito e cheios de confiança praticam essa doutrina, encontram redenção por meio das obras, as quais, nesse caso, são obras minhas.[3]

---

[3] Agir intensamente, sem ser escravo de nenhum dos seus atos — é essa a excelsa sabedoria que permeia todas as páginas do *Bhagavad Gita*. O homem ocidental, em geral, é dinamicamente ativo e escravo da sua atividade; o oriental é inclinado a ser estaticamente passivo — nenhum dos dois se guia pela suprema sabedoria. Assim como, em geral, o cristão ocidental não se guia pela sabedoria crística do Evangelho que diz professar, de modo análogo o místico oriental nem sempre orienta a sua vida pela mística dinâmica dos seus grandes mestres. Atividade dinâmica e passividade estática são dois extremos, do Ocidente e do Oriente. Passividade dinâmica ou atividade mística seria suprema sabedoria e perfeição, que poucos alcançam. Quando surgirá sobre a face da terra esse homem cósmico?...

32

Todavia, aquele que, cheio de egocomplacência, despreza a lei e a mim, que julga trabalhar muito e age sem fé nem compreensão — esse é insensato e acabará na perdição.

33

Age também o sábio consoante a medida da sua sabedoria; a atividade de cada criatura nasce da natureza do seu ser.

34

Ninguém pode subtrair-se à lei que o governa. Os objetos sensórios governam os sentidos, criando amor ou ódio no coração do homem sem critério. Não permitas que algum desses dois te domine, porque são poderes que obstruem o caminho da autorrealização e da paz.

35

Melhor é viver segundo a consciência própria, mesmo imperfeitamente, do que se guiar, com perfeição, pela consciência alheia; melhor é morrer no cumprimento do dever do que viver com temor, à mercê de instintos inferiores.

FALA ARJUNA:

36

Qual o poder, Mestre, que impele o homem a cometer pecado e, contra a sua vontade, o obriga a isso?

FALA KRISHNA:

37

É o veemente desejo oriundo do amor à posse; é este o maior inimigo do homem, vítima da ignorância, que o leva à perdição.[4]

---

[4] "A cobiça é a raiz de todos os males" (Bíblia); "Ninguém pode servir a dois senhores: a Deus e às riquezas" (Jesus, o Cristo).

38

Assim como a chama é envolta em fumaça, como o espelho se cobre de pó, como o embrião é circundado pela membrana no ventre materno — assim é o Eu do homem envolto pelos desejos do mundo objetivo.

39

Até o sábio, ó Arjuna, é tentado pelo fogo do desejo, seu contínuo inimigo, que com disfarces vários o alicia.

40

Os sentidos, o intelecto e as emoções são o habitáculo desses desejos objetivos; são eles que anuviam a razão e roubam ao homem, que a eles sucumbe, a luz do conhecimento.

41

Pelo que, nobre herói dos lutadores, controla os teus sentidos e governa o coração! Supera esse mundo objetivo, que instiga ao mal e destrói a sabedoria!

42

Fortes são os sentidos (kama); mais forte é a mente (manas); mais forte ainda é a alma (buddhi) — e acima de tudo está a luz divina da Verdade (Atman).

43

Uma vez que conheceste o Eu Supremo, supera os sentidos, a mente e as emoções, pelo poder do EU SOU. Derrota os teus inimigos, que, em formas várias, a ti se apresentam.[5]

---

[5] Nessas últimas palavras aparece nitidamente o sentido simbólico da luta que Arjuna enfrenta: os inimigos que usurparam o trono da alma são os sentidos, a mente e as emoções, que devem ser superados para que o príncipe Espírito (alma) possa ocupar o trono que lhe compete e proclamar o reino de Deus. Arjuna, o irredento, deve ser redento por Krishna, o redentor — e esse Krishna redentor dormita também nas profundezas da alma de Arjuna, o homem irredento, porém redimível. Essa mesma doutrina do "Cristo interno no homem" permeia todo o Evangelho, embora as teologias eclesiásticas tenham interpretado dualisticamente esse grandioso monismo místico do Evangelho de Cristo.

4
Da experiência espiritual

Neste capítulo Krishna explica, mais amplamente, o modo pelo qual se manifesta no homem cósmico o reto-agir recomendado no capítulo anterior. Quem age por amor a qualquer fruto do seu trabalho — louvores, gratidão, aplausos, recompensa qualquer —, esse é escravo de um falso--agir e se onera de débitos toda vez que age desse modo. Mas quem age unicamente por amor à realização do seu Atman, ou alma, indiferente aos resultados, esse age corretamente e se autorrealiza e redime pelo seu agir.

No Evangelho do Cristo aparece essa grande verdade nas palavras seguintes: "Que aproveita ao homem ganhar o mundo inteiro, se sofrer prejuízo em sua própria alma?".

No *Tao Te Ching*, de Lao-Tsé, isso se chama *wu-wei*, agir pelo não agir.

FALA KRISHNA:

1

Em tempos idos, transmiti essa doutrina da imortalidade ao senhor da luz, Vivasvan;[1] dele passou para Manu,[2] o qual a ensinou a Ikshvaku.[3]

---

[1] Vivasvan: é o Sol espiritual do Universo.
[2] Manu: é o paralelo ao Adi-aham (Adam) da Bíblia.
[3] Ikshvaku: corresponde ao Noé bíblico, pai da humanidade atual.

2

E assim, por tradição, chegou ao conhecimento dos Rishis,[4] mestres de ioga, que estimavam essa doutrina. No decorrer dos tempos, porém, começou ela a ser obliterada, até finalmente desaparecer.

3

A ti, caro príncipe, que és meu amigo e devotado cultor, quero de novo revelar essa doutrina de ioga, que é profunda e misteriosa.

FALA ARJUNA:

4

Tu, Senhor, nasceste muito depois de Vivasvan; como, pois, devo entender que foste tu que revelaste essa doutrina?

FALA KRISHNA:

5

Muitas vezes já nascemos, eu e tu; tu, ó vencedor, esqueceste os teus nascimentos; eu, porém, conheço todos os meus.

6

Na minha Divindade, sou sem nascimento nem morte, eterno e senhor de tudo o que nasce e existe; e, contudo, os meus deuses nascem, vêm e vão. Ao efêmero reflexo no espelho da Natureza imprimo o sigilo da minha Divindade, pela alta magia do meu espírito.[5]

---

[4] Rishis, ou videntes, são os sábios e patriarcas.

[5] "No princípio era o Verbo...", o Cristo Cósmico, que, mais tarde, quando "o Verbo se fez carne", apareceu entre nós como o Cristo telúrico, servindo-se da natureza humana de Jesus de Nazaré. "Antes que Abraão fosse feito, eu sou..." "Glorifica-me, ó Pai, com aquela glória que eu tinha em ti, antes que o mundo existisse" (Jesus, o Cristo); "O Cristo é o primogênito de todas as criaturas, visíveis e invisíveis" (Paulo, o apóstolo).

7

Toda vez que a ordem morre e a desordem impera, torno a nascer em tempo oportuno — assim exige a Lei.

8

Para proteger o bem e destruir o mal, encarno no seio da humanidade, ensinando o caminho que leva à autorrealização.

9

Aquele que compreende a minha vocação divina e o mistério da minha encarnação não tem necessidade de nascer novamente após a morte, aqui na terra, ó príncipe; ele vem a mim, ditoso.[6]

10

Libertos de apego, paixão e temor pelo poder da meditação e da sabedoria; purificados no fogo do amor; estes, após a morte, ingressam no meu Ser.

11

Quem me adora é elevado a mim; andará nos meus caminhos, e eu satisfarei todos os seus desejos.[7]

12

Quem espera recompensa pelo serviço a mim prestado, esse cultua entidades inferiores; quem visa ao sucesso nas coisas deste mundo, facilmente o terá.

---

[6] Sendo que o renascimento físico é um castigo que a si mesmo inflige o homem que não renasceu pelo espírito, está isento dessa reencarnação todo homem que renasce espiritualmente; liberto do fastidioso sansara do nascer, viver, morrer e renascer fisicamente, entra no glorioso nirvana do eterno viver. "Carne e sangue não podem herdar o reino de Deus" (Paulo, o apóstolo); "São filhos de Deus os que nasceram, não do desejo do varão, nem do desejo da carne, nem (da fusão) dos sangues, mas de Deus" (João, o evangelista); "Quem não nascer de novo pelo espírito não pode ver o reino de Deus" (Jesus, o Cristo).

[7] "Procurai em primeiro lugar o reino de Deus e sua harmonia, e todas as outras coisas vos serão dadas de acréscimo" (Jesus, o Cristo).

13

Consoante o talento e a capacidade de cada um, estabeleci classes entre os homens, superiores e inferiores; mas eu mesmo, que crio as mutações, sou imutável e transcendente a elas.

14

Eu, que ajo, não sou afetado por minhas ações, nem viso ao fruto da minha atividade. Quem isso compreende pode agir sem estar apegado ao que faz; não deseja lucro; quem está unido a mim é livre e imaculado em suas obras.

15

Em tempos idos, os que buscavam libertação sabiam disso e, agindo com liberdade, eram remidos — age tu como eles.

16

Que é o reto-agir? Que é o falso-agir? — perguntam sábios e poetas. Eu te ensinarei o que é reto-agir que gera liberdade.

17

Escuta, pois, e compreende a diferença entre o reto-agir, o falso-agir e o não agir — problema difícil de discernir!

18

Quem age sem perder o repouso interno, e quem vê atividade na inatividade — esse é um sábio; quer ativo, quer inativo, sempre realiza o seu dever e age corretamente.

19

O seu trabalho é livre da maldição do egoísmo; o seu desejo de recompensa foi consumido no fogo do conhecimento sagrado — esse é um santo, porque santo é o espírito que o anima.[8]

---

[8] Essa atividade na inatividade, esse agir pelo não agir, o reto-agir, é o que Lao-Tsé no *Tao Te Ching* chama *wu-wei*, agir sem apego. "Quando tiverdes feito tudo o que fazer devíeis, dizei: somos servos inúteis; cumprimos a nossa obrigação — nenhuma recompensa merecemos por isso" (Jesus, o Cristo).

20

Não se compraz em nenhum fruto do seu trabalho nem se apega a objeto algum da natureza; habita, sempre sereno, na paz do seu Eu, porque sabe que não é ele que age, mesmo quando realiza alguma obra.[9]

21

Não espera lucro nem receia perda; vive todo em si mesmo, senhor dos seus sentimentos e pensamentos, enquanto age, rei no reino da sua alma.

22

Habita puro no meio dos impuros; aceita com serenidade todos os acontecimentos; nenhuma adversidade o abate, nenhuma prosperidade o exalta; ele é sempre o mesmo.

23

Por entre prazeres e sofrimentos, cada uma das suas obras é feita no espírito de Deus, holocausto no altar do devotamento, consumido pelo fogo do puríssimo amor.

24

Deus é o amor, Deus é o holocausto, Deus é o fogo, Deus é o sacrificante; de maneira que quem age com a consciência em Deus realiza Deus em si, o Eu Supremo.

25

Há iogues que servem a Deus com ritualismos vazios e fumos sobre o altar; outros, porém, oferecem melhores dádivas, no fogo de Brahman.

26

Outros praticam renúncia, abstendo-se do que agrada aos olhos e ouvidos; outros ainda oferecem, de coração ardente, as suas preces e seus hinos de louvor.

---

[9] "As obras que faço não sou eu que as faço, mas o Pai que em mim está é que faz as obras... A minha doutrina não é minha, mas daquele que me enviou. Quando vos arrastarem às sinagogas e aos tribunais, não vos preocupeis com as palavras e o modo como haveis de falar, porque, nesse momento, vos será dado pelo espírito de meu Pai o que haveis de dizer; pois não sois vós que falais, mas é o espírito de meu Pai que fala em vós" (Jesus, o Cristo).

27

Muitos há que, no fogo místico da mortificação dos sentidos, ateado pela luz da Verdade, abrem mão das alegrias da vida.

28

Há também os que, por meio de votos, renunciam às riquezas e vivem em humildade, entre penitências, jejuns e macerações; outros que, pela silenciosa leitura de livros e profunda meditação, buscam conhecimento.

29

Há também os que procuram adaptar às energias de dentro as energias de fora, robustecendo o pensamento pela inalação espiritual e pela amorosa exalação, evitando qualquer pensamento que não beneficie a alma.[10]

30

Todos esses iogues, em virtude de seus sacrifícios peculiares, libertam-se de todas as impurezas, no fim dos seus exercícios e, imersos em alegria, atingem a eterna divindade.

31

Os que não oferecem sacrifícios neste mundo, ó príncipe, nada têm de esperar, nem neste mundo nem no outro.

32

Esses e outros sacrifícios vêm mencionados nos Vedas. Lembra-te de que todos eles provêm da atividade; se isso compreenderes, serás libertado pela luz da Verdade.

33

O sacrifício exigido pela meditação é melhor que o sacrifício de bens materiais. O valor de todas as atividades culmina na experiência do Eu supremo.

---

[10] Alusão ao exercício de pranayama ou respiração rítmica controlada (Kriya-ioga).

34

Isso se consegue por meio de humildade, devotamento e serviço. Se amares a Verdade, virão em teu auxílio os que conhecem a Verdade, favorecendo a tua iniciação.

35

Uma vez atingida a Verdade, ó príncipe, nunca mais sucumbirás à ignorância — e a Verdade te dirá que todos os mundos estão em ti.[11]

36

E tu estás em mim. E ainda que fosses mais pecador que todos os pecadores, o barco da sabedoria te levaria, seguro, pelo oceano da ignorância.

37

Assim como a chama reduz a cinzas a lenha, assim consome o fogo da sabedoria todas as ações e os efeitos da ação.[12]

38

Em verdade, nada há tão purificador como a sabedoria; quem pratica sinceramente ioga descobrirá em si mesmo essa verdade.

39

A Verdade se lhe revela, e, se se apoderar da Verdade, entrará na mansão da suprema beatitude e repousará na paz da divindade.[13]

40

O homem ignorante e cético não encontra sossego, nem no mundo do aquém nem no mundo do além — nem atingirá repouso na eternidade.

---

[11] Quem está com Deus está com todas as criaturas de Deus — é esse o grandioso monismo cósmico que todos os verdadeiros místicos experimentam, mas que os dualistas ignoram. Disso dão eloquente testemunho o Cristo e alguns dos seus mais autênticos discípulos, como Francisco de Assis, que em todas as criaturas de Deus via o Deus das criaturas.

[12] Nesse sentido devem entender-se as palavras de Jesus ao ladrão convertido: "Em verdade te digo que ainda hoje estarás comigo no paraíso".

[13] "Conhecereis a Verdade — e a Verdade vos libertará" (Jesus, o Cristo).

41

Mas quem se encontra a si mesmo é senhor de si; transcende pela sabedoria os efeitos das suas ações (karma); nada mais o prende, e as dúvidas se dissipam à luz do conhecimento da divindade.

42

Pelo que, ó príncipe, mata com o gládio da sabedoria essas dúvidas que nascem da insipiência e te angustiam o coração. Acorda e firma-te na experiência divina!

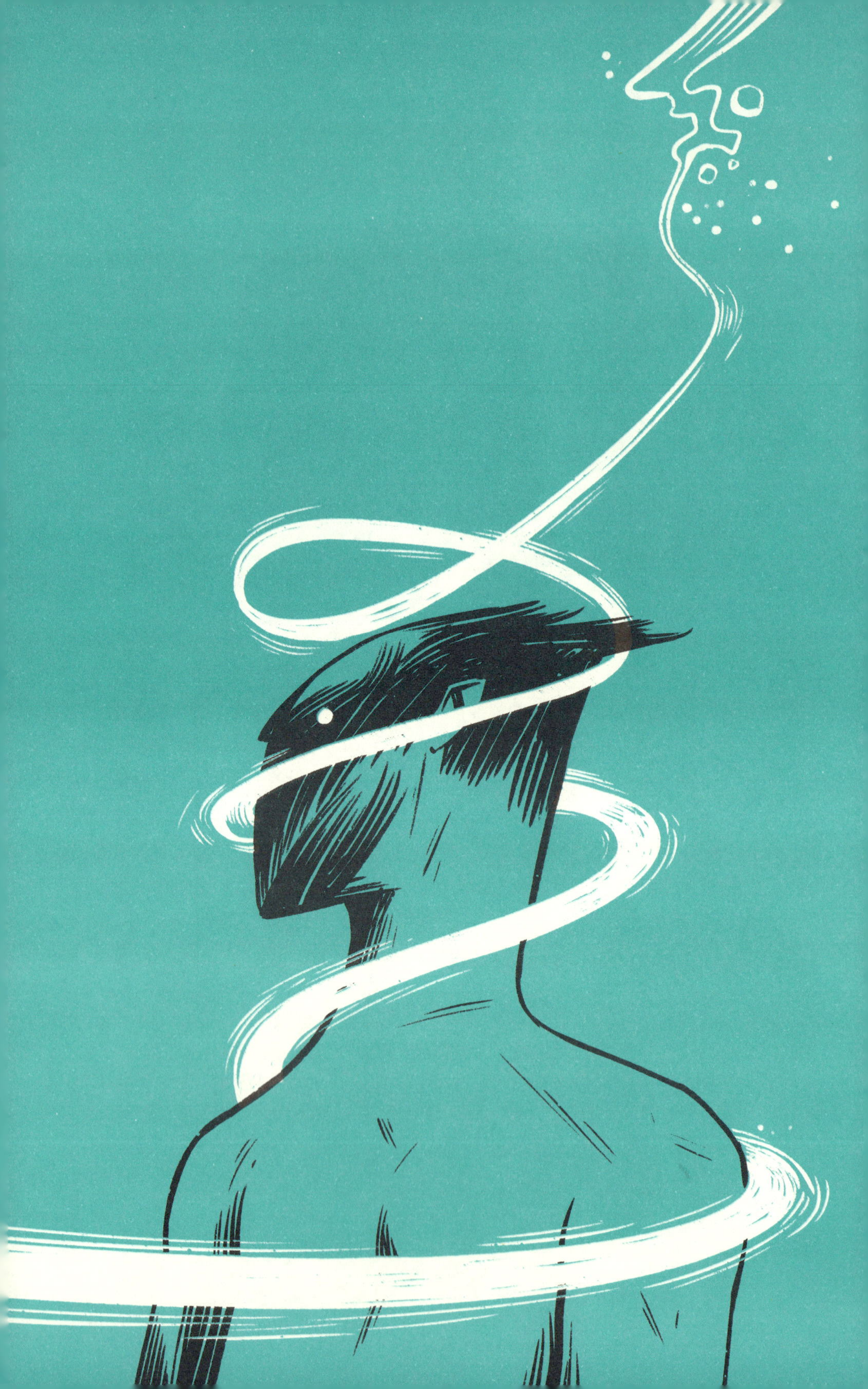

5
A sabedoria do desapego

Neste capítulo Krishna continua a mostrar a Arjuna que a autorrealização consiste em "trabalhar intensamente e renunciar a cada momento aos frutos do seu trabalho". Não é pelo falso-agir (por amor ao ego) que o homem se liberta e se redime, nem pelo não agir — mas unicamente por meio do reto-agir, de uma intensa, dinâmica e jubilosa atividade, realizada por amor ao seu Eu divino.

Esse Atman, embora seja essencialmente Brahman, necessita contudo de evolução, porque o Atman no homem é um "Deus potencial", um Deus evolvível, realizável, e não plenamente realizado. Atman é o Deus imanente, e não simplesmente a Divindade transcendente, que não é suscetível de aperfeiçoamento. O homem deve despertar em si o seu Deus dormente. É essa a tarefa suprema do homem, aqui na terra e em todos os estágios da sua evolução extraterrestre.

FALA ARJUNA:

1

Enalteceste, Senhor, a abstenção dos atos e recomendaste, não obstante, a atividade. Dize-me agora, em definitivo, qual é o caminho melhor para atingir a meta mais alta.

FALA KRISHNA:

2

Bom é agir e bom é abster-se da atividade; tanto isto quanto aquilo conduzem à meta suprema. Mas, para o principiante, melhor é agir corretamente.

3

O verdadeiro renunciante é somente aquele que nada deseja e nada recusa, inatingido pelos opostos, tanto no seu agir quanto no seu desistir, não afetado nem por esperança nem por medo.

4

Os ignorantes tecem teorias sobre o agir e o saber como se fossem duas coisas diferentes; mas os sábios estão convencidos de que quem faz isto não deixa de colher os frutos daquilo.

5

O reino da quietude que os sábios conquistam pela meditação é também conquistado pelos que praticam ações; sábio é aquele que compreende que estas duas coisas — a intuição mística e a ação prática — são uma só em sua essência.

6

Difícil tarefa é, herói, alcançar estado de renúncia sem ação e sem que o espírito da fé penetre o coração. O sábio que, pela força da verdade, renuncia a si mesmo integra-se em Brahman.

7

Este é puro de coração,[1] forte no bem e senhor de todos os seus sentidos; a sua vida está a serviço da vida de todos, e ele realiza todas as ações sem ser escravizado por nenhuma delas.

---

[1] Os "puros de coração", dos quais Jesus fala no Sermão da Montanha, são os que se desapegaram totalmente do seu ego humano, e é por isso que "veem a Deus".

8

Porquanto, reconhece que não é ele que age quando vê, ouve e sente.

9

Pois quando vê ou ouve, cheira ou come, dorme ou respira, quando abre ou fecha os olhos, quando dá ou recebe, ou exerce outro ato sensório qualquer — não são senão os seus sentidos que operam com esses objetos externos.[2]

10

Quem tudo faz sem apego ao resultado dos seus atos faz tudo no espírito de Deus e, como a flor de lótus, incontaminada pelo lago em que vive, permanece isento do mal.

11

Com todas as forças do espírito, da mente, do coração e do corpo[3] luta o iogue pela purificação de sua alma, sem nada buscar para si mesmo em tudo o que faz.

12

Quem a tudo renuncia, jubiloso, alcança, já agora, a mais alta paz do espírito; mas quem espera vantagem das suas obras é escravizado por seus desejos.

13

O sábio que, em corpo terrestre, se libertou do egoísmo habita, mesmo quando age, no céu da sua paz, na "cidade dos nove portais"; não tem desejos, nem induz outros a terem desejos.

---

[2] Cf. as palavras de Jesus: "As obras que faço não sou eu (meu ego humano) que as faço, mas é o Pai que em mim está (o meu Eu divino) que as faz. De mim mesmo nada posso fazer".
[3] "O primeiro e maior de todos os mandamentos é este: amarás o Senhor, teu Deus, de todo o coração, com toda a tua alma, com toda a tua mente e com todas as tuas forças" (Jesus, o Cristo).

14

O Senhor do Universo não cria ação, nem o impulso de agir, nem o desejo dos frutos da atividade — tudo isso nasce da natureza finita do indivíduo.

15

O Senhor do Universo não toma sobre si as culpas dos homens porque está acima de todas as ações, perfeito em si mesmo. Erram os homens por sua própria ignorância, porque a luz da Verdade está envolta nas trevas da ilusão.

16

Mas quando as trevas cedem à luz, amanhece o dia, e assim como o Sol em pleno esplendor, revela-se o Ser Supremo.

17

Quem se integra ao Ser Supremo e nele repousa está livre da incerteza e trilha caminho luminoso, do qual não há retorno, porque a luz da Verdade o libertou do mal.[4]

18

Quem vive na luz da Verdade vê Deus em todos os seres — no brâmane e no cão, no elefante e na vaca, e até no desprezado pária.

19

Os que estão firmes na luz da Verdade venceram o mundo, já aqui na terra, pela fé na harmonia universal; porquanto Brahman transcende todas as condições da dualidade, habitando na suprema unidade — quem o conhece repousa em Brahman.[5]

---

[4] Quem conhece o Evangelho do Cristo e os escritos dos seus grandes discípulos, sobretudo de João e de Paulo, não pode deixar de descobrir um paralelismo quase contínuo entre essas palavras de Krishna e as do Cristo e seus iniciados. "Conhecereis a verdade, e a verdade vos libertará." "A luz brilha nas trevas e as trevas não a prenderam." "Os homens amaram mais as trevas que a luz, porque as suas obras eram más."

[5] Vai, por meio do Evangelho e do *Bhagavad Gita*, um traço de grandioso *monismo*. Equidistante do dualismo da teologia ocidental e do panteísmo de certas filosofias orientais. Todos os mundos estão em Deus, e Deus está neles; mas o mundo não é idêntico a Deus nem está separado de Deus.

20

Quem vive firmemente consolidado na consciência de Brahman não sucumbe à alegria, na prosperidade, nem à frustração, na adversidade — mas remonta à claridade sem nuvens e se integra na Divindade.

21

Quem preserva a sua alma livre de todas as coisas que vêm de fora realiza o seu verdadeiro Eu, atinge a paz verdadeira, a beatitude do seu verdadeiro ser.

22

As alegrias que brotam do mundo dos sentidos encerram germes de futuras tristezas que vêm e vão; por isso, ó príncipe, não é nelas que o sábio busca a sua felicidade.

23

Feliz é aquele que, durante a vida terrestre, consegue libertar-se dos impulsos que geram paixão e ódio, estabelecendo-se firmemente no espírito da união com Deus.

24

É ele, na verdade, um santo, que encontra o céu dentro de si mesmo; a sua vida é uma com Brahman e abre-lhe a porta do nirvana.[6]

25

É assim que os rishis,[7] livres de incertezas e senhores de si mesmos, já aqui na terra, entram no nirvana da Divindade, vivendo a vida de todos os seres.

26

Todos os que, libertos de ódio e paixões, fortes na humildade e iluminados pela fé, superaram o seu ego humano e realizaram em si o Eu divino, todos eles se aproximam da verdadeira paz em Deus.

---

[6] Nirvana quer dizer *quietação*, provinda da extinção de todos os desejos do ego. Nirvana, o oposto do *sansara* (agitação), é o repouso na Verdade eterna.

[7] Rishi: vidente; maharishi — grande vidente.

27

O iogue, que habita na luz, se abstém do contato com o mundo dos sentidos, cujo olho espiritual se abriu e cuja respiração espiritual sintonizou-se com a respiração corporal.[8]

28

Ele que, repleto da virtude de Deus, governa o coração e a mente e, sem egoísmo, anseia pela redenção — esse se libertou de si mesmo e vive na paz eterna, aqui e por toda parte.

29

Ele sabe que eu sou a Essência em todas as Existências; eu, o Imanifesto em todos os Manifestos; eu, a suprema e imutável Realidade em todos os mundos em incessante mutação; eu, refúgio e proteção de todas as criaturas. Quem isso sabe encontrou a paz.

---

[8] Alusão à prática do "olho simples" e da respiração material transformada em prana espiritual. Cf. as palavras de Cristo: "Se o teu olho for simples, todo o teu corpo estará cheio de luz...". Os exercícios acima insinuados devem ser feitos sob a direção de um guru (mestre) perito e consciencioso, porque, do contrário, podem redundar em espada de dois gumes...

6

Exercícios de meditação

Este capítulo pormenoriza o modo da chamada meditação, que principia pela unipolarização mental, ou seja, concentração, e, ultrapassando esta, esvazia o homem de todos os conteúdos do seu ego físico, mental e emocional, permitindo que seja invadido pelos poderes cósmicos ou divinos. O egoesvaziamento é a condição indispensável para a cosmoplenificação. Segundo leis eternas, onde há uma vacuidade acontece uma plenitude. Compete ao homem criar em si essa egovacuidade — e a cosmoplenitude lhe acontecerá infalivelmente.

Para o principiante, o perigo desse egoesvaziamento está em cair no transe ou na auto-hipnose, inutilizando assim todo o efeito espiritual. Por isso, insistem os mestres espirituais na imperiosa necessidade de o homem egoesvaziado se manter pleniconsciente no seu Eu espiritual. Quem consegue ser 100% consciente e 0% pensante abre as portas para a mais alta autorrealização.

Algumas recomendações de Krishna a Arjuna são condicionadas pela tradição do Oriente, que o autorrealizando ocidental deve saber adaptar convenientemente a seu próprio ambiente.

FALA KRISHNA:

1

Quem faz o que deve fazer, e não depende dos frutos da sua ação, esse é um sábio e um santo — mas não é sábio nem santo quem apenas acende a chama do sacrifício ritual e se recusa a trabalhar pela grande obra.

2

Pelo que, ó príncipe, compreende o que quer dizer renúncia: é realizar no verdadeiro espírito o que deve ser realizado. Quem não realiza com supremo devotamento os seus atos, esse não renunciou.

3

Renúncia é obra feita com total desinteresse; por ela atinge o devoto santidade, e santidade é paz, que só se alcança pela desistência de qualquer desejo pessoal.

4

O sábio age sabiamente; nenhum desejo de lucro pessoal, nenhuma intenção de cuidar de si mesmo o move na sua sapiente atividade. Ele é inteiramente livre do querer do ego finito.

5

Todo homem deve erguer-se pela força do seu próprio Eu divino e não decair jamais das alturas desse estado. O Eu divino é o melhor amigo do homem, mas o ego humano é seu pior inimigo.

6

Quem domina o pequeno ego pelo grande Eu, esse é amigo de si mesmo; mas se o ego não odiar a sua própria egoidade, então se torna inimigo do Eu (da alma) do homem.[1]

---

[1] Cf. as palavras do Cristo: "Quem quiser ganhar a sua vida (ego), perdê-la-á; mas quem perder a sua vida por minha causa (Eu), esse a ganhará". A filosofia oriental sintetizou essa sabedoria na fórmula: "O ego é o pior inimigo do Eu — mas o Eu é o melhor amigo do ego". Inimigo só pode ser quem é ignorante, como o ego; amigo é o que é sapiente, como o Eu. Em sânscrito, ego é *aham* (*adi-aham*, o *primeiro-ego*, contraído no Gênesis em *Adam*); o verdadeiro Eu divino no homem, a alma, é *Atman*; quando o pequeno *aham* se integra, totalmente no grande *Atman* (ou *Atma*), então surge a "grande alma", em sânscrito *mahaatman*, ou *mahatma*, nome que a intuição espiritual do povo hindu deu a um de seus maiores filhos, Gandhi. O mais glorioso *mahatma* que a humanidade conhece é aquele que foi plenamente "ungido" (*christós*, em grego), ou permeado pelo espírito divino, ou *Atman*, a ponto de poder dizer: "Eu e o Pai somos um".

Outro *mahatma* extraordinário foi Gautama Siddhartha, que seus discípulos chamavam o "Iluminado" (em sânscrito *Buddha*, que significa literalmente "aquele que acordou" enquanto os outros continuam a dormir).

7

O espírito do homem que repousa plenamente em si mesmo e adquiriu perfeita serenidade é imune ao contágio das coisas externas, indiferente a calor e frio, prazer e sofrimento, louvores e vitupérios.

8

Esse é um iogue, um homem integral, com o coração cheio de sabedoria e beatitude; iluminado, alteia-se às regiões do espírito, senhor dos seus sentidos; dá o mesmo valor a todas as coisas: a uma pedra ou um torrão de barro e a um pedaço de ouro.

9

O que o caracteriza é a sua atitude de serena benevolência para com todos os que dele se aproximam, amigos ou inimigos, conhecidos ou estranhos, bons ou maus, afetos ou desafetos — todos lhe merecem amor.

10

Imerso em Deus, em longínqua solitude, permanece o iogue liberto da escravidão de sentimentos, pensamentos e desejos.

11

Retira-se a um lugar puro, num assento simples e firme, nem alto nem baixo demais, coberto de capim kusha e uma pele de tigre ou veado, e um tecido de seda ou lã.

O "primeiro Eu" divino, o Cristo Cósmico, é chamado no *Bhagavad Gita* (ver Cap. XI) o "*Adi-Atman*" (ou *Adhya-tman*). No Evangelho de São João é esse "primeiro Eu" chamado "o Logos (Verbo) que, no princípio, estava com Deus e pelo qual foram feitas todas as coisas". São Paulo, nas epístolas aos Colossenses e aos Filipenses, chama-o "primogênito de todas as criaturas" que, quando encarnou em Jesus de Nazaré, "despojou-se da forma de Deus e se revestiu da forma de homem". É a transição do Cristo Cósmico para o Cristo Telúrico. "Antes que Abraão fosse feito, eu sou." "Pai, glorifica-me agora com aquela glória que eu tinha em ti, antes que o mundo existisse."

12

E, ali sentado, ereto e imóvel, com os sentidos e a mente perfeitamente controlados e a alma unipolarizada,[2] pratica o homem ioga a fim de conseguir a purificação da sua alma divina.

13

Mantém o corpo, o pescoço e a cabeça eretos, com espontânea naturalidade, fazendo os olhos convergirem na base do nariz, pelo poder da visão interna.

14

Está firmemente estabelecido no espírito de brahmacharya,[3] livre de qualquer solicitude, todo focalizado em mim e a mim devotado com todo o seu ser.

15

Assim, em permanente contemplação do Ser Supremo, torna-se o iogue um poderoso soberano no seu próprio reino e entra na paz e no gozo supremo do nirvana.

16

Quem come demais ou de menos, quem dorme demais ou de menos, este, ó Arjuna, é absolutamente inapto para praticar ioga.

17

Somente quem é disciplinado no comer, no dormir, no vigiar, no descansar e no divertir-se, este auferirá do exercício de ioga a libertação de todos os males.

---

[2] Unipolarizado (unipolaridade) quer dizer "centralizado ou focalizado num único ponto". O homem profano e descontrolado é pluripolarizado, disperso, distraído, falto de unidade e, por isso mesmo, fraco, descontente, infeliz.

[3] Brahmacharya (consagrado a Brahma) é disciplina ou abstenção sexual voluntária, que é por todos os mestres espirituais considerada vantajosa à vida espiritual, ao passo que o celibato compulsório, mesmo quando inicialmente voluntário, acabará por se revelar prejudicial. Jesus aconselhou a seus discípulos o celibato voluntário, "por amor ao reino dos céus", dependente da compreensão espiritual.

18

Somente aquele que possui domínio sobre seu mundo interno de desejos pessoais e está focalizado em seu Eu supremo, esse é um liberto (yukta).

19

Assim como a chama não bruxuleia quando num lugar abrigado do vento, de modo semelhante tende o coração quando isento dos vendavais dos sentidos e ardendo em amor divino, rumo às alturas do Eterno.

20

Quando, graças à contínua meditação, o coração encontrou repouso naquele lugar onde reina a compreensão, onde o espírito sublime contempla a si mesmo e tudo encontra dentro de si mesmo;

21

Quando a alma experimenta o gozo que transcende o alcance dos sentidos e do intelecto e só é conhecido pela alma na própria alma — essa consciência da verdade que o iogue nunca mais perderá;

22

E quando o homem alcança essa meta e tem a verdade em maior apreço do que todos os tesouros, e nela persevera inabalável, de maneira que sofrimento algum o torne infeliz;

23

Então sabe ele que a perfeita ioga o torna imune mesmo à maior das dores, e que essa meta se alcança por meio de energia e perseverança.

24

É necessário que ele arranque do coração todos os devaneios e todas as vacilações, toda a ganância, vaidade e mania de grandeza; que obstrua e vigie todas as portas por onde o mundo dos sentidos possa invadir-lhe a alma.

25

Então se aproxima ele do santuário, passo a passo, e conhecerá as belezas da paz que habita no coração perfeitamente dominado, lá onde impera soberana a verdade e onde a alma goza a verdadeira liberdade.

26

E ainda que a mente volúvel se rebele e tente fugir para longe, disciplina-a pela força do amor e a reconduz ao Ser Supremo.

27

Penetra na alma inefável beatitude quando o coração, livre de ilusão, une-se a Deus e se despe de qualquer desejo.

28

Quem assim se oferece em holocausto a Deus, e vive em permanente união com Ele, experimenta em si a ilimitada beatitude de que o enche a divina presença.

29

Integrado em Deus, vive ele vida divina e percebe o espírito de Deus em todas as criaturas, porque sabe que todas as coisas têm em Deus o seu íntimo ser.

30

Quem me enxerga como o Uno e o Único em todas as coisas, e vê todas as coisas em mim, a Suprema Realidade, este vive firme em mim, e eu vivo firme nele, sejam quais forem as condições da sua vida externa.

31

Eu sou a imanente Realidade em todos os seres; quem me cultua como o Uno e o Absoluto em tudo permanece em mim, independentemente das vicissitudes da sua vida aqui na terra.

32

Ó Arjuna! Aquele que, entre alegrias e sofrimentos, paira soberano na força do conhecimento de mim, o Uno e o Único, esse é o mais perfeito dos iogues.

FALA ARJUNA:

33
Não encontro permanência, Senhor, nesse estado de devotamento. Ioga, como dizes, é equanimidade de espírito; mas inquieto e rebelde é meu coração.

34
Inconstante e turbulenta é minha mente, ó Krishna! Difícil discipliná-la — mais fácil seria controlar os ventos...

FALA KRISHNA:

35
Certamente, ó herói, difícil é refrear a mente, porque inquieto é o coração. Somente pela quietação dos desejos é que o exercício se tornará hábito, e alcançarás domínio sobre ti mesmo.

36
Não é fácil conseguir união com o Ser Supremo enquanto o espírito não disciplinar a carne. Mas quem aprendeu a arte do autodomínio atingirá a meta, contanto que possua força de vontade.

FALA ARJUNA:

37
Mas qual é o destino final do homem que, embora devoto e cheio de fé, não possui perfeita renúncia e é inconstante nos seus exercícios espirituais?

38
Será que esse homem, ó Poderoso, perecerá como uma nuvem que a tempestade dissipa? Será que ele, abeirando-se da senda da sabedoria e da ação, acabará no puro nada?

39

Quisera ouvir de ti, ó Krishna, a solução da minha dúvida, porque só tu me poderás dar resposta cabal.

FALA KRISHNA:

40

Ó filho de Pritha! Esse homem não será aniquilado, nem neste mundo nem no outro. Quem ama a verdade não trilha o caminho da ignorância; quem age com sinceridade não perecerá.[4]

41

Quem, na vida presente, não consegue a meta, mas vive corretamente, entrará na mansão de Indra, onde viverá anos incontáveis, até reencarnar na terra.

42

Voltará como filho de homens bons e puros, talvez como filho de um sábio iogue. Mas é difícil e raro conseguir tão alto nascimento aqui na terra.

43

E assim, reencarnando, prosseguirá no plano da consciência que atingiu em existência anterior; e reiniciará a jornada rumo à luz, no ponto em que a interrompeu.[5]

---

[4] Cf. as palavras do Cristo: "Quem pecar contra o filho do homem será perdoado...". "Pai, perdoa-lhes, porque não sabem o que fazem." Todo pecado cometido por ignorância e fraqueza é perdoável. Imperdoável é somente o "pecado contra o espírito universal (santo)", isto é, o pecado cometido com perfeito conhecimento e liberdade; esse pecador se torna "réu de pecado eterno", e cairá vítima da "morte eterna", isto é, do autoaniquilamento, da dissolução da sua individualidade. Será possível, na presente humanidade, esse pecado contra o "espírito santo", se os próprios assassinos de Jesus não o cometeram?...

[5] Não serão essas palavras um paralelo das do Cristo, quando diz: "Há muitas moradas na casa de meu Pai"? Em qualquer hipótese, é insustentável a teologia medieval que assina à alma humana lugar definitivo, céu ou inferno eternos, logo após a morte física. Os que admitem purgatório — período de purificação — pelo menos deixam aberta a porta para uma evolução ulterior, pós-morte, o que concorda tanto com a razão como com a revelação. Enquanto a consciência e a liberdade do homem persistirem, persiste a sua possibilidade de evolução; o livre-arbítrio não está nos ossos, na carne, no sangue, nos nervos, que pereceram com a morte física; consciência e liberdade são atributos da alma, e esta não sucumbe a nenhum acidente, a nenhuma doença ou à velhice.

44

E com maior sucesso, porque a tendência às alturas que o animava novamente o animará, embora ele não tenha consciência desse obscuro anseio.

45

Até que, puro de coração, após muitas reencarnações, em uma evolução gradual, ele atinja a meta suprema, unindo-se a Brahman.

46

Um iogue desta natureza é superior ao asceta e ao erudito intelectual, superior também ao que realiza grandes prodígios.

47

De todos os iogues me é mais querido aquele que põe em mim toda a sua confiança e a mim se entrega com toda a sua alma. Esse encontrará em mim a paz do seu coração.

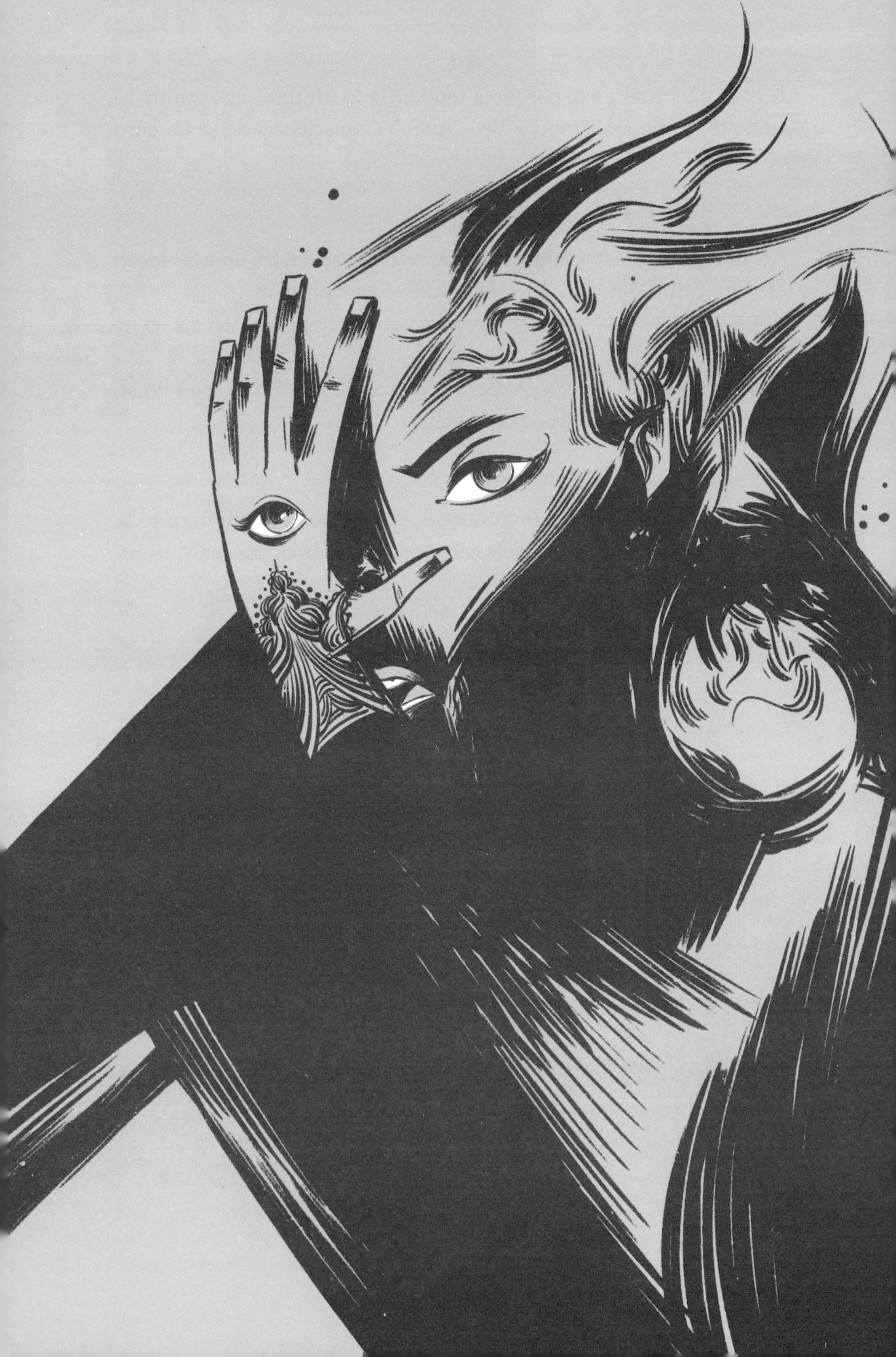

7

Sabedoria da visão espiritual

No presente colóquio, sobe Krishna à suprema altura da Realidade metafísica, mostrando a Arjuna que todas as facticidades físicas do Cosmos são apenas efeitos concretos e imperfeitos da Infinita Realidade metafísica, perfeita e única; que todos os deuses são manifestações da Divindade imanifesta; que todas as imanências cognoscíveis são revelações parciais da Transcendência incognoscível.

Na terminologia da Filosofia Univérsica, diríamos: todo Verso finito é apenas manifestação parcial do Uno infinito; que a Realidade total é o próprio Universo, a que alude Spinoza quando diz: "Deus é a alma do Universo (Uno), e o mundo (Verso) é o corpo de Deus".

Este capítulo tem grande afinidade com certas páginas do *Tao Te Ching*, de Lao-Tsé, grande pensador metafísico da China.

FALA KRISHNA:

1

Sabe, portanto, ó príncipe, que se mantiveres a mente focalizada em mim, com firmeza e constância; se praticares ioga e sempre te refugiares em mim, terás perfeita compreensão de mim e chegarás a mim.

2

Então te infundirei a minha sabedoria; conhecerás também as leis do mundo dos fenômenos externos, e nada mais te faltará conhecer.

3

Entretanto, no meio de milhares de homens mal se encontra um que, seriamente, vá em demanda da verdade. E mesmo entre os que buscam a verdade e a atingem, raras vezes se encontra um que, de fato, saiba que eu sou a Realidade.[1]

4

Terra, água, fogo, ar e éter, vida, intelecto e espírito — tudo isso são revelações do meu ser.

5

Tudo isso são aspectos finitos da minha infinita Realidade; mas nada disso é minha Essência Cósmica, que é a Consciência Vital pela qual todo esse Universo visível é sustentado.

6

Tudo aquilo são córregos no mundo das existências — eu, porém, sou a Essência de tudo quanto existe; eu sou o princípio dos mundos e sou o seu fim.[2]

7

Nada existe mais alto que eu, ó príncipe, nem há outro senhor ou criador.

8

Os mundos todos estão inseridos em mim, assim como as pérolas unidas por um fio. Eu sou o sabor da água que bebes; eu sou o fulgor da Lua e do Sol; eu sou o AUM dos cânticos sacros dos Vedas; eu sou a harmonia dos espaços; eu sou a força procriadora dos homens.

---

[1] Esse princípio básico do verdadeiro monismo universal, latente em todas as grandes religiões e filosofias, sobretudo no Evangelho do Cristo, é compreendido por pouquíssimos que se dizem discípulos dos grandes mestres espirituais da humanidade: a imanência da essência divina em todas as existências do Universo. Tanto o dualismo ocidental como o panteísmo oriental ignoram essa grande verdade que Krishna enuncia.

[2] "Eu sou o princípio e o fim, o Alfa e o Ômega" (Apocalipse). Alfa e Ômega são a primeira e a última letras do alfabeto grego. "Eu sou o Amém" — esse "Amém" é idêntico ao *Aum*, o sacro trigrama do Oriente.

9

Eu sou a fragrância da terra; eu sou o brilho do fogo; eu sou a vida de todos os vivos.

10

A santidade de todos os santos; eu sou a semente da imortalidade, a sabedoria dos sábios e a inteligência dos inteligentes.

11

Eu sou a magnificência naquilo que é magnífico; a força dos fortes, livre de apego; eu sou o amor dos amantes, o amor puro que não é proibido por lei alguma, ó príncipe.

12

O que a Natureza distribui em formas fugazes — consciência, força e matéria[3] — recebe-o de mim; eu estou nessas formas, mas não sou por elas imitado.

13

Iludido pelos três atributos da Natureza, que se revelam em todas as coisas, o mundo não me conhece, o Imutável, que estou acima de todas elas.

14

Difícil, ó príncipe, é romper o mágico véu que Maya[4] teceu em torno de todas as coisas e que encobre a minha face; mas quem me enxerga em tudo e sem reserva se entrega a mim, este supera as limitações de Maya.

---

[3] Em sânscrito "as três gunas", que são: *sattva* (verdade, ou espírito), *rajas* (intelecto) e *tamas* (sentidos, ou matéria), também conhecidas por luz, fogo e trevas, e são explicitadas no capítulo 14.

[4] *Maya* é a Natureza visível, que é *maha-ya* (grande afirmação, uma grande revelação de Brahman), mas que para os profanos se converte em "ilusão". Se Maya é ilusão ou revelação, isso não depende de Maya, e sim do homem que a contempla, com ignorância ou com sapiência. Nesse sentido, diz a filosofia oriental que a Natureza é como a teia da aranha, que tanto *revela* como *vela* (encobre) a aranha — assim como Maya revela Brahman, mas ao mesmo tempo o vela; a Natureza manifesta e oculta Deus.

15

Os malfeitores, os tolos não se voltam a mim, nem aqueles que alimentam desejos vis, nem aqueles que, no vasto cenário da Natureza, só enxergam o drama, mas ignoram o seu autor.

16

Quatro são as classes de homens que me buscam seriamente, ó Arjuna: os sofredores, os amantes, os bondosos e os iluminados pela sabedoria.

17

De todos esses, o que me é mais querido é o sábio, aquele que se entrega totalmente a mim, o Uno; esse me ama acima de tudo, e por isso eu o amo acima de tudo.

18

Todos os quatro são bons, e todos vêm a mim; mas o sábio que totalmente se entrega a mim é como o meu próprio Ser, repousando com toda a alma em mim como em seu termo final.

19

Após muitos renascimentos, seja aqui, seja em esferas superiores, ingressa ele em meu Ser; mas raras vezes se encontra entre os homens um tão grande em espírito e alma que possa dizer em verdade: Vasudeva[5] é o Ser onipresente, ele é o Todo.

20

Mas quem abandona a luz da Verdade e, seduzido pelo prazer, serve a outros deuses, ingressa na natureza daquilo que ama, porque semelhante sempre se une a semelhante.

21

Sejam quais forem os deuses a que seu coração sirva, sempre sou eu o escopo da fé que o anima.

---

[5] Outro nome para Krishna, que na sua Essência divina é o Todo, o Onipresente e Imanente em todos os seres individuais.

22

Em virtude dessa fé adere ele ao objeto que demanda e se identifica com a natureza dele — mas a verdadeira natureza de cada ser sou eu, a imanente Realidade de todas as coisas.[6]

23

Limitada é a visão dos que demandam coisas finitas, e finita é a sua recompensa; quem cultua deuses vai ter com eles — mas quem cultua a mim em verdade, esse vem a mim.

24

Pensam os insensatos que o mundo manifesto e visível seja a essência das coisas; é porque ignoram o Imanifesto e Invisível, que não é limitado por nenhuma das suas manifestações.

25

Velado pelo esplendor das minhas próprias manifestações, eu, o Espírito, não sou revelado a todos; e os iludidos desconhecem a mim, o Eterno e Invisível.[7]

26

Eu, ó Arjuna, conheço tudo o que foi, é e será — mas nenhuma consciência objetiva me conhece.

27

Ó forte herói! Os grandes inimigos do conhecimento da verdade são o apego e a aversão; são os contrastes dos opostos, que levam o homem ao caminho da ilusão.

[6-7] Nestes tópicos reafirma o *Bhagavad Gita* a verdade fundamental de toda a filosofia e religião: que a Realidade Infinita e Transcendente é finitamente imanente em todos os seus efeitos ou as criaturas do Universo. Para encontrar essa suprema Realidade (Deus) não é necessário que o homem saia do mundo dos fenômenos transitórios, como pensam os dualistas, mas que penetre mais profundamente no último reduto desse mundo e descubra o Invisível nos visíveis, o Eterno nos temporários, a Realidade no meio das aparências, o Criador em todas as criaturas. É esta a gloriosa conquista dos místicos e videntes, como Francisco de Assis e outros: viam a Deus em todas as suas obras.

28

Mas quem evita o mal e pratica o bem, aquele cuja mente se libertou totalmente da ilusão da dualidade e me cultua com firmeza de fé, esse é meu.

29

E aquele que a mim se refugia liberta-se do karma dos nascimentos, da velhice e da morte, e me reconhece por Brahman, o Espírito Supremo.

30

Esse sabe que eu sou a Alma de todas as almas, a Essência em todas as existências, a Realidade neste mundo de aparências, a suprema Divindade de todos os deuses. Quem me reconhece como tal me ama e, ao perder o corpo material, vive na consciência do seu Supremo Espírito.

8

Integração na suprema divindade

Este diálogo de Krishna com Arjuna não é objeto de análise intelectual, é pura intuição espiritual; move-se para além de tempo e espaço, na zero--duração do Eterno e na zero-dimensão do Infinito. O que se pode pensar e dizer não é a Verdade Integral, que é impensável e indizível. A Verdade Integral, que é a Consciência da Realidade, do Uno, só nos é revelada quando eclipsamos em nós todas as ilusões de tempo e espaço, e todos os seus derivados e acessórios relacionados com os sentidos e o intelecto.

A nossa moderna astronomia admite que o Universo é um revezamento de implosão e explosão, um processo de contração atômica e expansão cósmica. Esse processo é chamado pela filosofia oriental inalação e exalação de Brahman, e cada ciclo inalativo-exalativo é chamado *Yuga* ou *Mahayuga*, correspondendo ao termo grego *aion* (eon) ou à palavra latina *aeternitas* (eternidade). *Yuga, aion, aeternitas* não representam duração sem fim, mas uma duração de inconcebível extensão e cujo fim ninguém pode prever. A falsa identificação de "eternidade" com duração sem fim se baseia no equívoco de que o Eterno seja a soma total dos tempos, e que o Infinito seja a soma total dos espaços — quando, na realidade, Eterno é a negação de qualquer parcela de tempo, e Infinito é a negação de toda e qualquer parcela de finito.

Enquanto o homem peregrina no sansara de tempo e espaço, escravo dos sentidos e da mente, ignora ele o Nirvana do Eterno e do Infinito, visão do espírito.

Todas as sucessividades (Verso) são ilusões — somente a simultaneidade (Uno) é que é a Verdade.

FALA ARJUNA:

1

Que é Brahman? Que é o Eu Supremo? Que é a Alma de todas as almas? Que é a Essência de todas as existências? Que é a Realidade neste mundo de aparências?

2

E como é que tu és a Suprema Divindade em todos os deuses? E como é que, após a morte corporal, vive a consciência em teu Espírito?

FALA KRISHNA:

3

Eu sou Brahman, o Único, o Imperecível. Esse Brahman, o Supremo Eu, é a alma de todas as almas. O que nasce de mim e é a causa de toda a evolução chama-se karma,[1] a atividade cósmica.

4

Quando eu me revelo nos diversos seres, sou chamado o Universo dos fenômenos visíveis; sou então o Brahman imanente em tudo, o Espírito que habita em todas as coisas. Eu sou a força criadora em todas as criaturas.

5

E aquele que deixa a vida mortal e mantém o pensamento fixo em mim, somente esse, liberto dos vínculos da carne, entra no estado da minha suprema Realidade.

---

[1] Karma: literalmente "ação" — significa a lei de "causa e efeito" ou da causalidade, lei que rege todos os mundos finitos e da qual o homem se liberta tão somente pela força do espírito, ultrapassando a tirania do sansara (agitação) e entrando na gloriosa liberdade do nirvana (quietação). Nirvana é o eterno viver, sem nascer nem morrer. Mas a vida só consegue superar nascimentos e mortes se atingir o zênite da sua força e plenitude. É essa a meta, o destino final, do homem e de todos os seres conscientes e livres.

6

Aquele, ó filho de Kunti, que ao separar-se do corpo material mantiver a consciência focalizada no mundo carnal ou espiritual, atingirá aquele estado com o qual estiver identificado; porque cada um se assemelha ao que ama.

7

Traze-me, pois, sem cessar em teu coração e age com valor, na certeza de que também tu me alcançarás, se de mente e alma permaneceres firmado em mim.

8

Pois todo aquele que se consagrar integralmente a mim, e não servir a outros deuses, entrará no meu Ser Divino, integrado no meu Espírito.

9

Em mim, o Onisciente, o Eterno, que governa todos os estados de consciência, que tudo preserva, embora mais imponderável que os imponderáveis; eu, o autolúcido como o Sol, transcendente a todas as limitações da dualidade.

10

Esse homem alcançou a vida verdadeira, imortal na própria morte; porquanto o seu espírito derrotou a morte; esse homem ingressa em mim, em minha paz.

11

É aí que se consuma a grande obra, no meu céu, repouso dos sábios. Atingir esse estado é perfeição, é a meta de todo o conhecer e o destino de todo o amor.

12

É esta a senda suprema trilhada por todo homem que fecha os olhos ao mundo objetivo, que domina o seu coração e, pela força vital do prana, aspirado e focalizado entre as sobrancelhas, silenciosamente proferir o eterno AUM na consciência de Brahman.[2]

13

Ao deixar o corpo mortal, com a consciência firmada em mim, esse homem tem a certeza de ingressar em mim.

14

Fácil é atingir suprema perfeição quando o homem anda na minha presença, constantemente consciente de mim, em todos os caminhos da sua vida e alheio a outros deuses.[3]

15

Essas grandes almas, conscientes da sua união comigo, não tornarão a nascer para esta vida perecível de sofrimentos, mas vêm a mim, a eterna Beatitude.

16

Esses mundos todos, ó Arjuna, mesmo o mais alto plano de existência nos domínios da criação cósmica, estão sujeitos à lei do retorno a este plano doloroso — mas quem ingressou em mim está livre desse retorno.

17

Quem conhece o dia de Brahman de mil yugas,[4] e a noite de Brahman, de duração idêntica, conhece dias e noites como Brahman os conhece.

---

[2] Muitas vezes se refere a filosofia oriental a essas práticas esotéricas e, sobretudo, à prolação do sacro trigrama AUM ou outro mantra. Mantras são palavras criadoras que realizam o que significam, quando proferidas por pessoa idônea e devidamente receptiva para essa vibração ou verbo sacramental. Esses mantras são símbolos materiais onerados de um simbolizado espiritual, provindo do seu autor; e esse simbolizado ou conteúdo espiritual atua poderosamente sobre quem profere o mantra com a devida receptividade interna, causando nele o que lhe foi causa. Mas... para essa iniciação requer-se um verdadeiro *guru*.

[3] Deuses: isto é, forças invisíveis, sobretudo a força mental, que tem caráter centrífugo, separatista, anticósmico, e só se integra no grande Todo sob o impacto centrípeto do espírito.

[4] Um *maha-yuga* (grande ciclo) são 4.320.000 anos nossos; um dia bramânico são 1.000 *maha-yugas*, ou seja, 4.320.000.000 de anos. Mas o sentido simbólico é o de uma duração inconcebível, como o termo *aion*, ou *eternidade*, mencionado na Bíblia.

18

Em cada alvorada do dia bramânico procedem do Imanifesto os mundos manifestos, e em cada ocaso os mundos manifestos voltam ao seio do Imanifesto.

19

Tudo o que é lucigênito perece, ao declinar do Sol de Brahman, e novamente nasce, pela força da Natureza, ao despontar do Sol.

20

Para além desse Universo visível e relativo em incessante mutação está o Universo absoluto e invisível, vida imperecível, quando céus e terra perecerem.

21

É essa a vida do Imanifesto, o Ilimitado, o Perfeito, o Todo, o Eterno — quem atingir esse estado não voltará ao mundo objetivo.[5]

22

E isso, ó príncipe, sou eu, o verdadeiro Ser, o Espírito Supremo, em que radicam a essência e a vida de toda criatura — e esse estado é atingido por todo homem que sem reserva se entregar a mim.

23

É essa a mais alta sabedoria, que é melhor do que a leitura de livros sacros, melhor também do que sacrifícios e mortificações — quem atinge essa sabedoria entra na paz eterna.

24

O fogo, a luz, o dia, a quinzena luminosa da Lua crescente, os seis meses da passagem do Sol pelo norte — se o iogue partir daqui durante esse período vai ter com Brahman.

---

[5] O Imanifesto é o estado de pura Potencialidade ou Essência — o Manifesto é o estado da Atualidade ou Existência. A Realidade Integral não é isto nem aquilo, disjuntamente — mas é isto e aquilo, conjuntamente. A Divindade (Realidade) é Ser e Existir, Potência e Ato, Causa e Efeito, Passivo e Ativo, Imanifesto e Manifesto, porque é o Todo, o Universo.

25

A fumaça, o tempo noturno, a quinzena tenebrosa da Lua minguante, os seis meses da passagem do Sol pelo sul — se o iogue, durante esse período, receber a luz da Lua, tornará para a terra.[6]

26

São estes os dois caminhos invariáveis do mundo: um é a senda da iluminação e da sabedoria — o outro, a vereda das trevas e da ignorância. Por um recebe o homem autolibertação — por outro, autolimitação.

27

Ó filho de Pritha! Conhecedor desses dois caminhos, o iogue não se ilude jamais. Pelo que, ó Arjuna, sê tu um iogue para sempre!

---

[6] Para compreender devidamente essa linguagem simbólica, necessita o iniciando de um verdadeiro Iniciado.

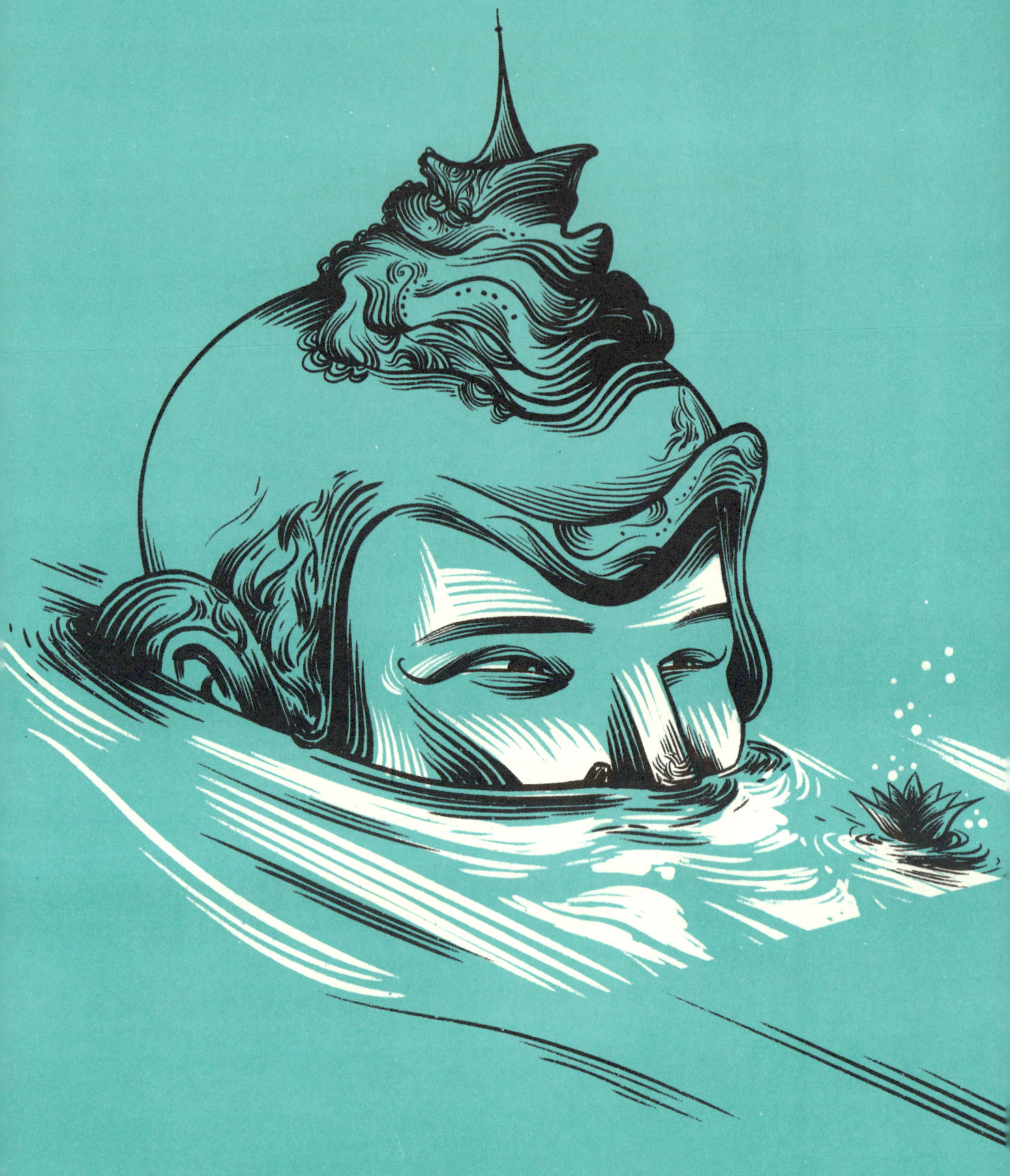

9
Santificação interna pelo mistério sublime

Este monólogo de Krishna reflete a vida e vivência de um homem que já ultrapassou a extrema fronteira das velhas ilusões do seu ego físico-
-mental-emocional. Do supremo Everest do seu Eu divino contempla ele todos os Himalaias dos seus egos humanos; compreende-os todos e ama-os, de acordo com a sabedoria de Krishna: "O Eu é o melhor amigo do ego, embora o ego seja o pior inimigo do Eu... O ego é um péssimo senhor, mas é um ótimo servidor".

Enquanto o ego humano oferece ao Eu divino "todos os Reinos do mundo e sua glória", em troca da apostasia de si mesmo ("prostra-te em terra e adora-me"), não há sossego e paz no homem; mas quando o ego obedece à ordem do Eu ("*vade retro!*, vai à minha retaguarda") — então amanhece a grande paz na vida do homem: "Só a Deus adorarás e só a Ele servirás".

FALA KRISHNA:

1

A ti, cuja alma se libertou das contraditórias cavilações da mente, revelo-te a suprema sabedoria, o secreto poder do autoconhecimento, que te fará viver em perfeita liberdade no meio dos variáveis fenômenos deste mundo material.

2

Profunda é a doutrina, excelsa a sapiência, a cuja luz todo ser humano é purificado dos seus pecados; mas é facilmente compreensível para os que a acolhem em seu coração, como fazem os grandes sábios e os divinos lucíferos, os que a praticam e jamais lhe esgotam o conteúdo.

3

Mas a quem faltam a fé e a verdade desta doutrina, este volta ao mundo da morte e ao confuso ciclo da Natureza.

4

Por mim se expandiu o panorama do cosmos, mas nem para todos sou manifesto. Por meu poder se plasmaram as coisas, e estão em mim, eu, que eternamente fui e sou.

5

Mas elas não residem no meu Supremo Ser[1] — interroga o teu íntimo Eu para saberes o que significa esse mistério! O meu espírito cria tudo o que quer — e, no entanto, eu sou sempre livre de tudo.

6

Assim como os ventos se movem livremente no espaço, e o espaço é eternamente imóvel, assim se movem os mundos rumo à luz — mas eu não sou esses mundos que se movem.

7

Toda vez que o ciclo de uma era cósmica termina, retorna a Natureza à sua origem; e quando o meu poder emite o verbo criador, reinicia-se o curso dos fenômenos do mundo.

---

[1] O mundo causado é a existência, mas não a essência causante de Brahman. Como existência, é Deus imanente em todas as criaturas; como essência, é ele transcendente a todas — é este o grandioso monismo universal da Divindade, equidistante do dualismo das teologias ocidentais como do panteísmo de certas filosofias orientais.

8

Pela força interna do meu Ser sempre de novo me revelo ao mundo objetivo; por meu querer se desdobra a Natureza e novas formas entram em existência.

9

Por nenhuma das minhas obras estou limitado; desejo algum ou fato algum me prende. Sem cessar produz o meu espírito os mundos, mas eu repouso eternamente em mim mesmo.

10

O meu espírito é a lei, que todas as coisas faz existir e não existir; é o meu espírito que tudo produz na Natureza, e é essa a razão por que o mundo evolve.

11

Envolto na matéria, como num véu, é meu íntimo Ser dificilmente cognoscível; os insensatos percebem as aparências objetivas e ignoram a presença do meu espírito, que é o imanente quê em todas as coisas.

12

Vãos em seus desejos e vãos em seus atos, agem esses tolos como animais, demônios e espíritos maléficos.

13

Mas as almas iluminadas e divinas caminham, confiantes, pela senda da luz e sem reserva se consagram a mim; não anseiam por outros deuses, partícipes que são da minha Divindade.

14

São eles que me glorificam e adoram, firmemente orientados por meu espírito, profundamente imersos em mim.

15

Muitos dos que me reconhecem como o Uno, o Indivisível, imanente em todas as coisas e transcendente a todas, oferecem-me o sacrifício do conhecimento.

16

Eu mesmo sou esse sacrifício e a prece, a oferenda e a bênção dela; eu sou a oblação e o perfume e o fogo sobre o altar.

17

Eu sou o pai e a mãe de todos; eu sou o que gera e o que sustenta, a meta da sabedoria e a purificação; eu sou o sacro AUM, o Rig, o Sama e o Yajur-Veda.

18

Eu sou o caminho, a meta e o preservador, eu sou o juiz e a testemunha, a casa, a vivenda, o refúgio, o amigo; eu sou o princípio e o fim; eu sou a semente sempre fecunda.

19

Eu sou o que irradia luz e calor do Sol, que dá e nega a chuva. Eu sou a vida imortal, e sou também a morte. Eu, ó Arjuna, sou o Sat e o Asat.[2]

20

Os que vivem segundo os ritos dos três Vedas e beberam o vinho sacro de Soma[3] e foram livres de pecado, estes são por mim conduzidos ao céu de Indra, onde gozam o alimento dos deuses no reino deles.

21

E, depois de gozarem as delícias desse céu pelo tempo que mereceram por seus atos bons, voltam a este mundo da morte. E, obedecendo

---

[2] Sat e Asat: o existir e o não existir, o positivo e o negativo, o sim e o não. Deus é a grande Tese (posição) — anterior às antíteses (contraposições) e à síntese (composição). Dentro da Natureza causada, bipolarizada, aparece Deus como o positivo, a luz, o bem — e como o negativo, como a treva, o mal, como Satã, o antideus; mas, fora da Natureza causada, é Deus o impolar, o neutro, o Universal, para além do bem e do mal, para além do positivo e do negativo, para além da luz e da treva. Mas nós, que enxergamos tudo no plano horizontal da ética, e não na linha vertical da metafísica, temos de conceber Deus como positivo, como luz, bom, a fim de contrabalançar o negativo, a treva, o mal, que já prevalecem em nós e necessitam ser equilibrados pelos seus contrários. O que, na Divindade, parece ser impolar é de fato onipolar, a grande Tese, o Alfa e o Ômega.

[3] O vinho soma é o símbolo das ciências secretas, bebido por aqueles que desejam possuir forças mágicas.

fielmente aos preceitos védicos, serão recompensados conforme os seus desejos, empolgados pelo ciclo de nascimentos e mortes.[4]

22

Mas os iluminados que só a mim cultuam e não desejam outras coisas, repousando só em mim, o Único, estes alcançam o seu ser em mim.

23

Quem, de boa-fé e com sinceridade, cultua outros deuses, por não me conhecer, o Eterno, este me cultua, e o perfume do seu sacrifício sobe ao meu trono, e eu o aceito.

24

Pois quem recebe as oblações e os sacrifícios todos sou eu somente; mas, os que não me conhecem na minha Realidade essencial, estes voltam ao mundo do nascer e do morrer.

25

Os que cultuam os deuses vão ter com eles; os que cultuam os pitris[5] vão ter com eles; os que cultuam os bhutas[6] vão para o plano astral dos seres sensoriais; quem me cultua vem ter comigo.

26

Quando alguém, com fé e amor, oferecer-me algo, por menor que seja — uma folha, uma flor, uma fruta, um gole de água —, eu o aceitarei com prazer das suas mãos.[7]

---

[4] Esses, como se vê, não entram ainda no nirvana da libertação total, porque ainda têm desejos pessoais. Cf. as palavras de Cristo ao jovem rico: "Quem guardar os mandamentos entrará na vida eterna, mas quem renunciar a tudo que tem e me seguir terá um tesouro nos céus". "Vida eterna" e "tesouro nos céus" não significam o mesmo!

[5] Pitris: almas avançadas de gerações anteriores.

[6] Bhutas: demônios ou entidades do mundo astral ou elemental.

[7] Cf. as palavras do Cristo: "Quem der a alguém um copo de água fria, por ser meu discípulo, em verdade lhe digo que não ficará sem a sua recompensa!". "O que fizerdes ao menor de meus irmãos, a mim é que o fazeis." Aos olhos de Deus, o que vale não é o objeto, e sim a atitude do sujeito, porque as quantidades objetivas são simples ilusão, ao passo que a qualidade subjetiva é realidade. Cf. as duas moedinhas da pobre viúva!

27

O que quer que fizeres ou deres, ó príncipe — sejam presentes, jogos ou orações —, oferece-me todas as tuas oferendas com um coração cheio de devotamento.

28

Destarte te libertarás da cadeia dos resultados que te prende a este plano inferior, onde se sucedem o próspero e o adverso. Pela ioga do desapego, entrarás em mim.

29

Eu sou o mesmo para todos; não amo nem desamo ninguém;[8] os que em verdade me adoram estão em mim e eu estou neles.

30

Mesmo que alguém seja pecador, se com indiviso devotamento me adorar, deverá ser considerado bom, porque anseia pela Verdade.

31

Este não tardará a achar o caminho certo, descobrirá a imanente divindade de sua alma e entrará no gozo da paz eterna; pois quem se refugiar no meu coração não perecerá eternamente.

32

E ainda que fosse de origem humilde, e mesmo filho do pecado, seja homem ou mulher, servo ou proprietário — quem aderir a mim anda em veredas excelsas.

---

[8] De fato, Deus não "ama nem desama" assim como nós amamos ou desamamos; Nele não há nenhum desses dois polos contrários; o seu "amar" não é o contrário do "desamar", como no plano humano das antíteses; Deus é a grande Tese, para além do bem e do mal, do amor e do ódio.

33

Quanto mais, se for brâmane consagrado a Brahman, ou um rishi[9] com nobreza de alma. E tu, uma vez que vieste a este mundo falaz, adere firmemente a mim.

34

Focaliza a tua mente em mim! Centraliza em mim a tua vontade! Reconhece-me como a meta final de toda a tua atividade, como a suprema beatitude da tua vida! E assim, integrando em mim o teu íntimo Eu, encontrarás paz em meu Ser.

---

[9] Rishi: vidente, sábio, profeta.

10

Das manifestações de Brahman no universo

Neste capítulo Krishna mostra que todos os deuses (ou criaturas) são individuações parciais da Divindade Universal. E, como a teia revela ou descobre a aranha, e também a vela ou encobre, assim são as três gunas ou os atributos da natureza, ao mesmo tempo, um descobrimento e um encobrimento de Brahman, a Suprema Divindade. Todo o Finito revela o Infinito, e também o vela ou encobre, porque nenhum Finito, nem a soma total dos Finitos, coincide com o Infinito. Todo o Finito, em demanda do Infinito, está sempre a uma distância infinita.

Toda essa enumeração que Krishna faz a Arjuna, mostrando que Brahman é a culminância de todos os seres criados, é aceitável como alegoria simbólica, ainda que não como realidade metafísica. Na realidade, Brahman, ou melhor, a Divindade, não é o elo supremo de uma longa cadeia de criaturas, mas está essencialmente além de todas elas, uma vez que, segundo Einstein, "do mundo dos fatos não conduz nenhum caminho para o mundo dos valores (Realidade), porque estes vêm de outra região". Entretanto, o nosso conhecimento relativo tem de servir-se desse pobre processo ascensional. Nenhum cognoscente Finito pode adequadamente conhecer o Infinito, uma vez que "o conhecido está no cognoscente segundo a capacidade do cognoscente", e esse cognoscente é necessariamente finito, limitado.

Por isso, nenhum homem tem da Divindade uma noção exata, senão apenas analógica e imperfeita.

FALA KRISHNA:

1

Escuta ainda, ó nobre herói, o ensinamento que te ofereço, porque nele te comprazes — e eu desejo conduzir-te pelo caminho certo, no qual estão o teu refúgio e tua beatitude.

2

Os deuses desconhecem a minha origem, nem os sábios conhecem a fonte do meu Ser. Da minha onipotência brotou a multidão dos deuses; do meu seio nasceram os sábios.

3

Quem me compreende, o potente Senhor do Universo, que não tem nascimento nem princípio, este anda puro no meio dos mortais, liberto da ilusão e iluminado pela luz do espírito.

4

Intelecto, conhecimento, inerrância, paciência, verdade, prazer, disciplina, sofrimento, repouso, temor, coragem, nascimento e morte, existir e não existir.

5

Inocência, renúncia, satisfação, modéstia, bondade, glória — o que quer que seja próprio da criatura e lhe dá conteúdo —, tudo isso vem de mim.

6

Os sete sábios, os quatro patriarcas, e também os quatorze manus que tinham o meu espírito e foram progenitores da humanidade — todos eles nasceram do meu espírito e do meu poder.

7

Quem traz em si a grandeza do meu espírito e possui a minha força criadora — esse é um comigo, em inseparável comunhão — disso não duvides jamais!

8

Eu sou a origem de tudo, e do meu espírito cósmico derivam todas as coisas — o sábio que conhece o meu poder cultua-me com amorosa compreensão.

9

Ele vive na minha vida, e eu vivo na vida dele; glorifica-me, e eu o glorifico — e assim vive ele, isento de ilusão e repleto de luz de alta sapiência.

10

Quem me consagra amor, sem reserva e em verdade e reverência me cultua, a este me comprazo em comunicar-lhe a força da minha sabedoria, e minha graça o conduz a mim.

11

Habitando em seu coração, sou eu mesmo a luz da Verdade, cuja força dissipa as trevas nascidas da noite da ignorância.

FALA ARJUNA:

12

Sim, tu, Parabrahman,[1] és a suprema Realidade e absoluta Pureza, o ilimitado Espírito Cósmico.

13

Isso afirmam todos os videntes, como também Narada, Vyasa, Asita e Devala[2] — todos ensinam o que tu mesmo ensinas: que tu és a Suprema Divindade, sem nascimento, e que permeias todas as coisas.

14

E, no entanto, os deuses e espíritos superiores não compreendem o mistério da tua manifestação cósmica, pela qual te revelas.

---

[1] Parabrahman: o Brahman supremo, transcendente, infinito.
[2] Nomes de entidades e espíritos superiores.

15

Só tu mesmo te compreendes, ó Deus dos deuses, Criador de todas as coisas, origem do ser e fonte de toda a vida, tu, Senhor do Universo.

16

Só tu mesmo conheces a tua grandeza, com que amorosamente enches o cosmos, que todas as criaturas exaltam e sem a qual nada é perfeito.

17

Mas como posso eu reconhecer o teu próprio Ser que, em formas sem conta, manifesta-se no vasto cenário do céu e da terra; quem és tu mesmo, assim como és em ti?

18

Em vão me concentro em meditação. Oh! ensina-me, com clareza e precisão, a tua grandeza e a perfeição do teu Ser; porquanto, jamais me saciarei da tua sabedoria.[3]

FALA KRISHNA:

19

Pois bem! Eu te descreverei os meus principais atributos — os principais somente, porque sem limites é a minha plenitude; ser algum me pode conhecer totalmente.

20

Eu sou a Essência Espiritual que habita nas profundezas da alma e no íntimo de cada criatura — o princípio, o meio e o fim de todas as coisas; a sua origem, a sua existência, o seu termo final.

---

[3] O que se segue não é a definição da Divindade, que Arjuna pediu, mas uma descrição dos efeitos visíveis da Causa invisível.

21

Eu sou Vishnu[4] entre as forças criadoras; entre os seres do mundo sideral, eu sou o Sol; nos espaços atmosféricos sou a tempestade; entre as luminárias do céu noturno sou a Lua.

22

Eu sou o sama[5] do livro dos Vedas. No céu das divindades sou o Deus supremo; entre os sentidos sou a mente pensante; entre as forças mentais sou a razão consciente.

23

Entre os destruidores sou o transformador; entre os grandes sou o gigante; entre os espíritos sou o Espírito supremo; entre os elementos purificadores sou o fogo; entre os montes sou o Meru.[6]

24

Entre os sacerdotes sou sempre o Sumo Sacerdote; entre as forças cósmicas em luta eu sou o general em chefe; entre as águas sou o oceano, que bebe todas as torrentes.

25

Entre os sábios sou a sabedoria; entre as palavras sacras sou o AUM,[7] entre as montanhas sou o Himalaia. Eu sou o enlevo nas preces dos devotos.

26

No meio das árvores sou a árvore da vida; no meio dos iluminados sou a luz; sou a harmonia nos coros sinfônicos; entre os santos sou a santidade.

---

[4] Vishnu: a segunda manifestação (pessoa) da Trindade bramânica; corresponde ao Logos ou Verbo do quarto Evangelho, "pelo qual foram feitas todas as coisas e sem o qual nada foi feito". Vishnu é a força criadora de Brahman, Deus em seu aspecto dinâmico.
[5] Sama: o mais belo dos cânticos védicos.
[6] Meru: o píncaro desse monte é símbolo da visão espiritual e da experiência cósmica.
[7] AUM (ou OM) — o mais sagrado dos mantras orientais.

27

Eu sou uchraishrava[8] entre os nobres corcéis, o néctar da imortalidade; entre os elefantes sou airavata;[9] entre os governantes sou o monarca supremo.

28

Entre os projéteis ígneos sou o raio; entre os animais do campo sou a vaca fecunda;[10] como força procriadora sou Kandarpa, o deus do amor; entre as serpentes sou Vasuki, a sede do conhecimento.

29

Entre os dragões sou Ananta, o imortal; entre os seres aquáticos sou Varuna,[11] o criador dos mundos. Entre os ancestrais eu sou o patriarca; sou o Juiz supremo entre os juízes.

30

No jogo dos tempos eu sou a Eternidade; entre as forças ocultas sou a Magia; entre os rapineiros das selvas sou o leão; entre os voláteis do espaço sou a águia.

31

No reino dos ares sou a liberdade; entre os guerreiros sou a vitória; entre os animais que habitam as águas sou o crocodilo; entre os rios sou o Ganges.

32

Eu sou o princípio, o meio e o fim do Universo, a sua essência real e a sua existência aparente. Eu sou a sapiência dos sapientes, a vidência dos videntes, o verbo das línguas, a luz dos olhos.

---

[8] Uchraishrava: o Pégaso, ou cavalo alado, símbolo da inspiração poética.
[9] Airavata: o mais forte dos elefantes.
[10] A vaca é, na Índia, o símbolo da Natureza fecunda e útil.
[11] Varuna, a mãe da água. Desde a Antiguidade (muito antes de Tales de Mileto!) é a água considerada o elemento básico e criador de todas as coisas.

33

Eu sou o "A" entre as letras do alfabeto, o pensamento dos pensadores, a vida dos videntes, o amor dos amantes, o sustentáculo cósmico de tudo quanto existe.

34

Eu sou o nascer que tudo forma, e o morrer que tudo transforma. Entre as qualidades femininas sou virtude e beleza, graça e modéstia, eloquência e paciência.

35

No coro dos hinos eu sou o cântico dos cânticos; entre as palavras sacramentais eu sou o sacro gayatri.[12] Dos meses lunares sou o primeiro; entre as estações do ano sou a sorridente primavera.

36

Entre as forças sutis eu sou o imponderável, neste mundo de dualidade; sou o fulgor das coisas fúlgidas, a bondade dos corações bondosos, a grandeza dos grandes e a vitória dos vitoriosos.

37

Entre os poderosos do mundo eu sou Vasudeva, o Senhor do Universo. Entre os sábios sou representado por Vyasa, o príncipe dos poetas.

38

Eu sou Deus em tudo, a força dos fortes, a beleza dos belos, a astúcia dos astutos, o saber da inteligência dos sapientes; sou o silêncio, onde habita o mistério de Deus.

39

No seio de cada coisa sou a semente do ser; não há nada, animado ou inanimado, que tenha existência separada de mim.

---

[12] Gayatri: mantra de evocação divina.

40

Ó Arjuna! Sem limite é a plenitude do meu Ser, imensa a minha grandeza. O que te disse não passa de pequenina parcela.

41

Onde quer que haja algo glorioso ou belo, bom ou poderoso, no Universo da criação, sabe, ó príncipe, que é um reflexo da minha glória.

42

Mas, Arjuna, por que prosseguir nessa enumeração? Basta saber que em todas as coisas está o meu divino Eu; do meu Ser emanou o Universo todo, como manifestação da minha divina Essência.

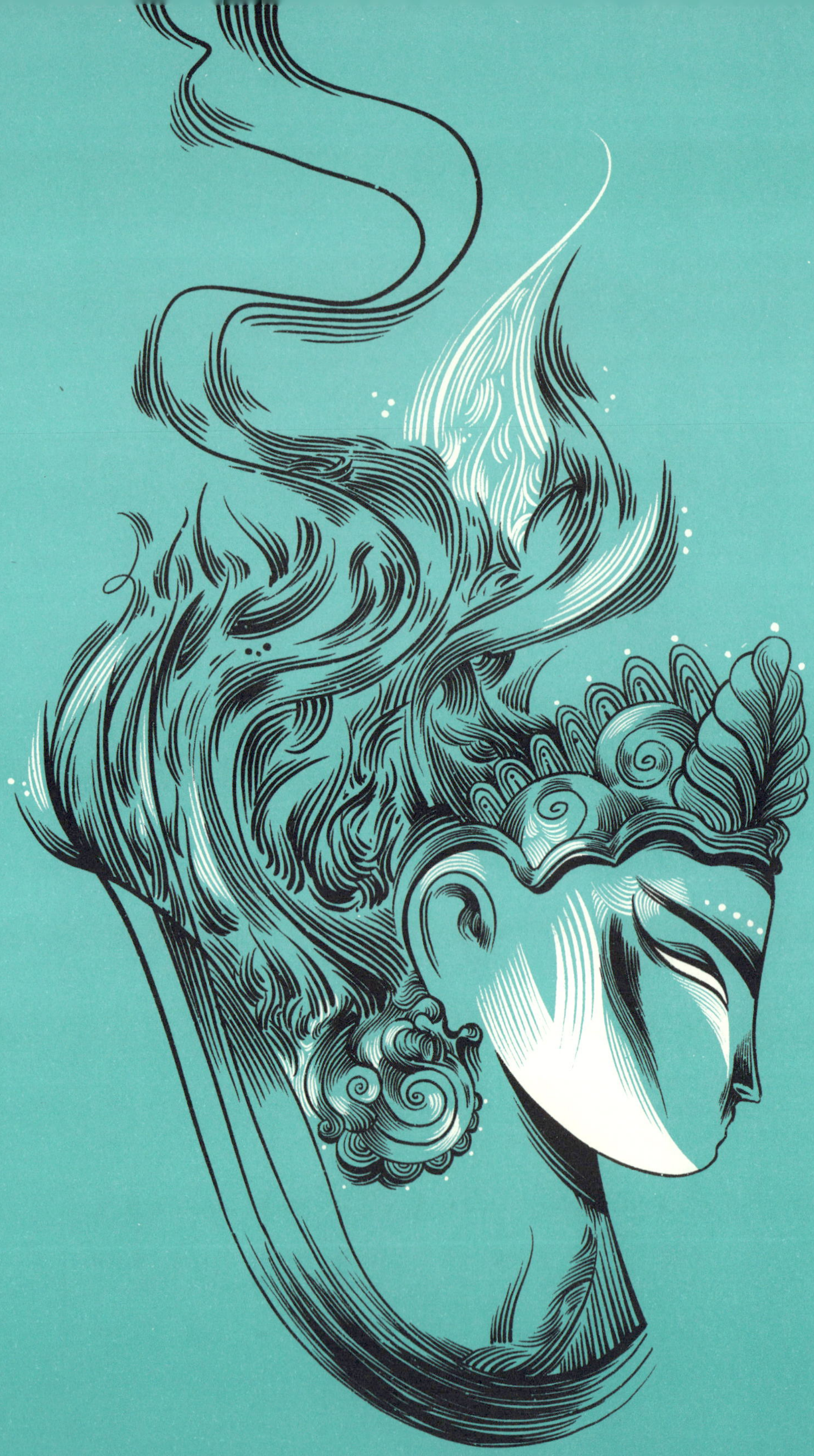

II

A visão da forma cósmica de Brahman

Este é o mais estranho, para não dizer fantástico, de todos os capítulos do *Bhagavad Gita*. Krishna tenta descrever, em termos visionários, o Adi-Atman, a primeira e mais alta individuação da Divindade Universal. Segundo todos os videntes, a Divindade Universal, Brahman, o Transcendente, o Absoluto, o Anônimo, o Imanifesto revela-se ou individualiza-se, relativiza-se, finitiza-se sem cessar no cenário cósmico. O Verso é a limitação do Uno. E a primeira e mais perfeita manifestação da Divindade em forma de Brahman se pode chamar o Adi-Atman, a Primeira Alma, ou Primeiro Deus, que os livros sacros do cristianismo denominam o "Primogênito de todas as criaturas", ou "o Unigênito da Divindade", e que nós chamamos o Cristo Cósmico.

Krishna esgota todo o seu vocabulário para dar ao seu discípulo Arjuna uma ideia dessa mais alta manifestação de Brahman. Os atributos que lhe confere não são apenas positivos e benéficos, mas também negativos e maléficos. Sendo que a Divindade Transcendental está "para além do bem e do mal", também a sua mais alta revelação em forma do Adi-Atman é a mais vasta síntese de todas as antíteses, suaves e terríficas, amáveis e temíveis, uma vez que Deus, além de ser a luz do mundo, é também um fogo devorador. A luz é vivificante, o fogo é mortífero.

O que Krishna mostra a Arjuna é a quintessência da vida e da morte, o construtor e o destruidor, uma vez que *Bhagavad Gita* não tem, primariamente, um caráter pedagógico, e, sim, ontológico.

Arjuna quase sucumbe a esse tremendo impacto cósmico e pede a Krishna que o poupe de ulteriores visões terrificantes.

Se o homem sofresse o impacto da Realidade Total, seria desintegrado em sua individualidade e se dissolveria na própria Realidade Universal, deixando de viver como individualidade. Felizmente, os sentidos e o intelecto do homem se interpõem entre ele e a Realidade Integral como um anteparo protetor que o defende contra a dissolução da sua individualidade. "O homem existe", diz Aldous Huxley, "graças às suas limitações".

FALA ARJUNA:

1

Dissipou-se a noite da minha ignorância, revelou-se-me o grande mistério! O que me disseste de Adi-Atman[1] me libertou das algemas do erro.

2

Revelaste-me, ó Mestre excelso, a origem e o fim de todas as coisas; fizeste-me ver que todos os seres só têm existência em ti e que tu és a essência de todos eles.

---

[1] Adi-Atman (ou Adhy-Atman), palavra sânscrita que significa literalmente o "primeiro" (adi) "Eu" ou a primeira "alma" (atman). *Eu* ou *Alma* representa a forma individual consciente da Suprema Realidade Universal.

Esse Adi-Atman veio de Deus, "no princípio", isto é, no início dos tempos, porque antes de haver individuação no Universo não havia tempo, só havia eternidade. Com o Adi-Atman começa o tempo. "Pai, glorifica-me agora com aquela glória que eu tinha antes que o mundo existisse" — com estas palavras se refere o Cristo Cósmico, anterior à encarnação do ego em Jesus de Nazaré.

Nas primeiras páginas do Gênesis aparece a palavra *Adam*, contração das palavras sânscritas *adhy-aham* (ou adi-aham), que significam o "primeiro ego". *Aham* ou *ego* significa um indivíduo dotado da consciência intelectual da pessoa, em seu primeiro estágio evolutivo, acima da subconsciência animal-vegetal-mineral. *Adam* ou *Adhy-aham* é o qualificativo que o autor do *Gênesis* dá ao primeiro ser individual egoconsciente que apareceu sobre a face da terra. Quando esse subego do "Éden" passou para o ego consciente da "serpente", foi ele expulso, em virtude dessa sua evolução, do paraíso terrestre do seu estado subconsciente; comeu "do fruto da árvore do conhecimento do bem e do mal"; de inconsciente ou subconsciente se tornou egoconsciente — mas ainda não Eu consciente, porque ainda não comeu do "fruto da árvore da vida", que continua, inatingida, no Éden, até que a "serpente" horizontal do ego seja "erguida às alturas" da "serpente" vertical do Eu crístico, na linguagem esotérica do próprio Cristo.

3

E, contudo, apesar de me haveres declarado a tua divina essência, desejaria conhecer-te na forma existencial acima de todas as miragens deste mundo fenomenal.[2]

4

Se, pois, me julgares capaz de te contemplar em teu supremo esplendor, ó Onipotente, mostra-me a tua face e revela-me o teu excelso Eu Cósmico.

FALA KRISHNA:

5

Contempla, pois, ó filho da terra, a mim como o Uno nas formas múltiplas, centenas e milhares de cores e figuras, numerosas como as estrelas do céu.

6

Contempla as entidades celestes, os espíritos e anjos, os demônios, forças cósmicas que sobem e descem e se desdobram em fascinantes deslumbramentos.

7

Contempla, como um Todo harmonioso, o Universo inteiro na epopeia das suas formas. Tudo isso é meu corpo, e eu sou o seu espírito — seja o que for, tudo está em mim.

---

[2] Isto é, na forma intermediária entre a Divindade sem forma e as formas inferiores do nosso mundo material; na "Forma Cósmica" da mais alta individuação do Universal — o "Cristo Cósmico" anterior à encarnação telúrica, o divino "Logos" ou "Verbo", antes de se fazer carne em Jesus.

8

Mas com os olhos do corpo não podes contemplar o meu divino Ser; pelo que te abrirei o olho do espírito — contempla agora a minha natureza mística![3]

FALA SANJAYA:

9

Depois de assim ter falado, o Senhor dos mundos se revelou ao filho da terra em sua própria Forma Cósmica, como soberano que abrange o Universo total.

10

Em aspectos vários, em múltiplos graus de consciência, glorioso, plurimorfo, revestido de todos os esplendores celestes, pervadido de todas as energias do cosmos.

11

Detentor da natureza divina, guarnecido de todos os ornamentos do céu, envolto em perfumes — um ser maravilhoso, onividente, repleto de luz e de amor.

12

Se mil sóis surgissem no horizonte, não seria a sua luz comparável ao fulgor que o olho espiritual de Arjuna contemplou.

---

[3] A iniciação espiritual está intimamente relacionada com esse abrimento do "olho simples", chamado também o "olho místico", o "olho de Shiva", o "olho do Cristo", cujo veículo material se acha localizado na base da testa, entre as sobrancelhas. "Se o teu olho for simples — diz o Cristo — todo o teu corpo está cheio de luz." Esse texto esotérico do Evangelho é um enigma para os teólogos e exegetas profanos. Profetas, apóstolos, místicos, videntes, filósofos, rishis, mahatmas, quando ultrapassam as barreiras de tempo e espaço, convergem todos no conhecimento da mesma verdade suprema. Os iniciados em Kriya-ioga conhecem esse mistério. É o árreta rémata (ditos indizíveis) que Paulo de Tarso ouviu no "terceiro céu" (samadhi).

13

O que o filho de Pandu contemplava era o Universo Integral, móvel e imóvel, uno em seu ser e múltiplo em seu existir, suprema harmonia de corpo e espírito.

14

Transido de pasmo e delícia, caiu Arjuna por terra, baixou a cabeça em adoração perante o Deus da revelação cósmica e, de mãos postas, assim falou:

FALA ARJUNA:

15

Ó Deus! Em teu corpo cósmico vejo todos os deuses e todos os seres em vários estágios de evolução; vejo Brahman, o criador, vejo os excelsos sábios e os espíritos de fogo.[4]

16

Cheio de braços e de seios sem conta[5] para nutrirem o mundo inteiro; vejo-te também munido de muitos olhos — não enxergo princípio, nem meio, nem fim.

17

Vejo-te com coroa, clava e escudo, mas nada diviso nitidamente, porque o oceano dos teus esplendores, que despedem raios para todos os lados, ofusca-me a visão.

18

Tu és o Uno, a meta suprema do conhecimento e o coração do Universo, o guardião da Lei imperecível, o eterno fundamento de tudo quanto existe.

---

[4] Em sânscrito "salamandras ígneas", que são os "serafins" ou "serpentes de fogo", simbolizam as mais altas inteligências do cosmos.
[5] Braços e seios simbolizam força e nutrição.

19

Sem princípio, sem meio e sem fim, eterno em teu poder e teu agir; o Sol e a Lua são teus olhos, a tua face é como um fogo coruscante.

20

Enches de luz os espaços cósmicos, e teu amor acalenta o mundo, porquanto os céus e as regiões do espaço estão cheios da tua glória.

21

Se te mostras em tua forma terrífica, tremem os três mundos, fogem os deuses, e as turbas dos rishis clamam, de mãos postas: "Faça-se a tua vontade, ó Poderoso, e estabeleça-se a paz!".

22

Todos te glorificam, ó, Santo, todos: Adityas, Rudras, Vasus, Sayas, Ashvins, Maruts, Ushampas, a multidão dos Gandharvas, dos Yakshas, dos Asuras e dos Siddhas.[6]

23

Em grande número te rodeiam e, estupefatos em face da tua forma que abrange o cosmos, os mundos contemplam a tua majestade, com temor e tremor — e dentro de mim me treme o coração.

24

Vejo o teu Ser expandir-se pelo céu acima, radiando em inúmeras cores flamejantes. Aterram-me, ó Vishnu, a tua boca aberta e teus olhos de fogo — lá se foram a minha coragem e a minha paz!

25

Incêndios cósmicos irrompem da tua garganta — desmaio de pavor —, tem piedade de mim, Senhor dos mundos!

---

[6] Nomes das diversas hierarquias de entidades superiores e inferiores do mundo invisível — anjos, diabos, demônios, etc. Cf. palavras de São Paulo: "Em nome do Cristo (Cósmico) se dobrarão todos os joelhos, dos que estão no céu, na terra e nos ínferos, confessando que o Cristo é o Senhor".

26

Os filhos de Dhritarashtra, juntamente aos exércitos dos reis e dos heróis, Bhishma, Drona, Suta e Karma, com o escol dos nossos guerreiros...

27

Todos eles somem na terrível garganta, nesse abismo eriçado de dentes — ai! quantos vejo, de membros dilacerados, suspensos por entre esses dentes pontiagudos!...[7]

28

Quais torrentes em veloz demanda do mar, assim vejo a flor dos nossos heróis a precipitarem-se, irresistíveis, em tua garganta faminta de fogo...

29

Como as mariposas alucinadas pela luz encontram morte súbita na chama, assim vão esses mundos, sem cessar, ao encontro da destruição...

30

Deglutindo, com teus lábios de fogo, devoras todos os mortais; tua luz pervade os mundos, Senhor, e teus raios aniquilam todos os povos.[8]

31

Quem és tu, nessa forma terrífica?... Curvo-me diante de ti... De todo o coração anelo por conhecer-te — mas não compreendo a tua revelação...

---

[7] Para as faculdades do homem telúrico causa a visão do Cristo Cósmico, no princípio, essa impressão de terror e destruição, porque "Deus é um fogo devorador, ninguém o pode ver e ainda viver" (Bíblia).

[8] Deus é tanto Vishnu como Shiva, a luz da vida e o fogo da morte, tanto o criador como o destruidor, como o descreve o Apocalipse, cujo paralelo vem descrito neste drama de luz e trevas.

FALA KRISHNA:

32

Eu sou o tempo eterno, o destruidor dos mundos; eu destruo qualquer gênero humano; de todos os guerreiros que aqui contemplas não sobreviverá um só.

33

Ergue-te, pois, e reveste-te de coragem! Conquista vitória e glória! O meu poder já derrotou o inimigo — seja o teu braço apenas o instrumento do meu poder!

34

Esmaga-os todos. Drona e Bhishma, Jayadratha e Karma e todos os demais guerreiros valentes. Eu já os matei. Não temas! Lança-te à luta — e serás vencedor![9]

FALA SANJAYA:

35

Depois de ouvir essas palavras, ergueu Arjuna as mãos com reverência ao Senhor dos mundos e, repleto de temor, com os lábios trêmulos, assim falou a Krishna:

FALA ARJUNA:

36

Com razão, ó Krishna, exulta o mundo em tua luz e tua glória. Fogem, espavoridos, os gigantes, e os pigmeus tombam a teus pés.

---

[9] Não admira que, em face de tão insistente convite, muitos vejam, nessas palavras de Krishna, um apelo para a "guerra justa", quando, na realidade, esse convite se refere à luta do Eu divino no homem contra seu ego humano. Cf. "O reino dos céus sofre violência, e os que usam violência o tomam de assalto". "Eu não vim para trazer a paz, e sim a espada."

37

Só a ti compete a glória, ó Soberano dos mundos; mais alto que Brahman, o criador, és tu a Causa prima, o Ser Supremo, o Deus dos deuses que habitam o Universo. Tu, o Uno, que existes e inexistes, porque transcendes um e outro.[10]

38

Tu és o Deus supremo, a primeva Divindade, o Ser terno, o sublime refúgio do Universo. Tu és a Verdade autocognoscente, sem forma, permeando todo o cosmos.

39

Tu és Vayn, o vento; Yama, a morte; Agni, o fogo; Varuna, a chuva; Sasanka, a criação; Prajapti, o Senhor de todos os seres. Salve! Salve, sem cessar!

40

Louvor e saudação a ti, de cima e de baixo e de todos os lados! Poder infinito, força sem fim, tu és o Todo que tudo sustenta.

41

Se te tratei confidencialmente, como amigo, e te chamei "Krishna", "Yadava", "Companheiro", levado por inadvertência, simpatia ou ignorância da tua majestade;

42

Se não te tratei com suficiente reverência, ao sentar-me, ao andar, ao deitar-me, ao levantar-me, a sós ou em sociedade — perdoa-me, ó inescrutável Soberano!

---

[10] A Divindade não *existe* nem *inexiste*, mas simplesmente *siste*, ou *é*, porque o Ser Absoluto está para além das polaridades do mundo fenomenal. A Divindade é a grande Tese (neutra), da qual os mundos são pequenas antíteses (positiva e negativa), que, no plano consciente, podem culminar na síntese da imortalidade do indivíduo humano. Quem, pelo poder da intuição, ultrapassa a zona das análises mentais, sabe que a Divindade é Yahveh, "aquele que é", para além de todo o existir ou inexistir. Ele é o Sistir ou Ser universal, para além do tempo e do espaço.

43

Tu, pai de todos os seres, móveis e imóveis; tu, o único Adorável; tu, Mestre supremo! Não há ninguém, nos três mundos, igual a ti — e como poderia alguém superar-te, ó insuperável Poder?

44

Senhor adorável, diante de ti me curvo e, reverente, prostro-me em tua presença. Suplico o teu perdão. Assim como o pai perdoa ao filho, o amigo ao amigo, o amante à amada, assim me perdoa, Senhor!

45

Exulta o meu coração à vista dos teus prodígios nunca vistos — e, no entanto, enche-me de temor o coração... Em forma diferente desejaria ver-te, ó Misericordioso.

46

Como outrora te via desejaria ver-te novamente, de coroa, clava e escudo, em tua forma cósmica, com milhares de braços, ó Ser infinito!

FALA KRISHNA:

47

Pelo místico poder da minha graça, ó Arjuna, acabo de mostrar-te a forma radiante da minha presença cósmica, como antes de ti nunca ninguém me contemplou.[11]

48

Nem pela leitura dos Vedas, nem por meio de sacrifícios, nem por estudos, nem por boas obras, nem por austeridades pode um mortal conhecer-me assim como tu acabas de ver-me.[12]

---

[11] Isto é, na forma cósmica, pré-telúrica, antes de o Verbo se fazer carne. Ver o primeiro capítulo da epístola de São Paulo aos Colossenses.

[12] O ego humano não pode de si produzir essa visão, embora possa e deva preparar o ambiente para que a força da graça divina possa agir. "Quando o discípulo está pronto, o mestre aparece."

49

Não te perturbes nem cedas ao temor, pelo fato de me haveres contemplado na minha forma terrífica. Afugenta o temor e, de coração alegre, volta a contemplar-me na minha forma benigna de outrora.

FALA SANJAYA:

50

Depois dessas palavras, reapareceu Vasudeva outra vez em sua forma normal. E esse aspecto do Maha-Atman[13] na sua forma benigna deu ânimo ao pusilânime.

FALA ARJUNA:

51

Agora que te contemplo novamente, ó Deus em forma humana, torna o meu coração a encher-se de alegria e reconquisto a serenidade do espírito.

FALA KRISHNA:

52

Com efeito, é extremamente difícil aos mortais obter a visão da forma em que existo; é oculta aos próprios deuses, que, sem cessar, por ela anseiam.

---

[13] Maha-Atman, a "grande alma", é outro nome para Adi-Atman, a "primeira alma" (o primeiro ou supremo Eu), que é o Cristo Cósmico, antes da sua encarnação telúrica. A lamentável confusão entre o Cristo Cósmico e o Cristo Telúrico (encarnado em Jesus de Nazaré), confusão cometida pelos teólogos da sinagoga de Israel e pelos teólogos das nossas igrejas cristãs, torna impossível a compreensão da verdadeira natureza do Cristo. O Cristo Jesus é, certamente, idêntico ao Cristo Cósmico, mas a sua forma é diferente. "Despojou-se — escreve São Paulo aos cristãos de Filipes — da forma divina e revestiu-se de forma humana", ocultando, durante a sua vida terrestre, a forma do Cristo Cósmico. Mais tarde, depois de sofrer, voluntariamente, na forma do "Verbo encarnado", tornou a "entrar em sua glória", como ele diz aos discípulos de Emaús.

53

Nem pelo estudo dos sagrados Vedas, nem pela prática de austeridades, nem por oferendas, nem pelo rito de sacrifícios pode alguém ver-me assim como tu me viste.

54

Somente por um amor sem reserva, ó Arjuna, pode alguém ver-me assim como eu sou na verdade, e essa visão do meu ser lhe dá imortalidade.

55

Aquele que em tudo que faz visa a mim somente e inteiramente se entrega a mim, livre de apego e hostilidade para com qualquer ser da natureza — só esse se une totalmente a mim.

12
Do amor universal

Discutem os homens se Brahman é pessoal ou impessoal. Brahman, em sua Suprema Divindade Transcendente, não é isto nem aquilo; mas os homens, sendo indivíduos personalizados, não podem conhecer a Divindade assim como ela é em si, mas apenas como ela se reflete no homem. O Impersonal, ou Transpersonal, é sempre apreendido como personalidade ou individualidade.

O Absoluto só pode ser conhecido e amado pelo Relativo como se fosse relativo.

O Infinito só pode ser atingido pelo Finito como se fosse finito.

É inútil discutir esse problema. Cada homem deve conhecer e amar o Absoluto e Infinito do melhor modo possível. O Uno se reflete necessariamente no Verso como Verso, Diverso e Diversificado, porque a Realidade Una se manifesta sempre como facticidades diversas. É esta a natureza do Universo Integral: Ser Uno no seu Ser e Verso no seu Existir. A criação é o sacrifício cósmico do Criador.

Se o Uno fosse apenas unitário, seria monotonia; se o Verso fosse apenas diversitário, seria caos — mas como o uno é diversitário e o Verso é unitário, o Universo é perfeita harmonia.

Sendo o homem um microcosmo univérsico, feito à imagem do macrocosmo do Universo, deve a perfeição do homem consistir também em perfeita unidade com perfeita diversidade, deve revelar a unidade do seu Eu central na diversidade dos seus egos periféricos — o Homem Cósmico.

FALA ARJUNA:

1

Servir-te, Senhor, como o Deus único, Manifesto — ou servir-te, como o Único, Imanifesto, Eterno e Universal — qual é o caminho melhor para os devotos?

FALA KRISHNA:

2

Aquele que com firme fé me cultua assim como me apreende em seu coração, sob a forma em que me pode apreender, esse me é querido e santo.

3

Mas quem me compreende como o Eterno, o Anônimo, o Imanifesto, o Inconcebível, o Supremo, não limitado por forma alguma, o Infinito;

4

Quem me cultua desse modo e, contudo, enxerga a minha presença em todos os seres e, praticando o bem, vive jubilosamente — este acabará por se unir a mim.

5

Entretanto, árduo é esse caminho para os que procuram encontrar o Imanifesto por meio de um amor afetivo; difícil é esse caminho para os que ainda vivem em corpo carnal.

6

Mas quem de coração puro se voltar a mim e fizer em meu espírito tudo quanto faz; quem renunciar a si mesmo e, dia e noite, firmado em mim, me servir;

7

Este será salvo por mim do tempestuoso mar da existência desse inconstante mundo do nascer e do morrer, porque buscou refúgio em mim.

8

Pelo que, volta a mim o teu coração; apreende-me com todo o teu querer; faze repousar em mim o teu espírito e encontra em mim a tua beatitude.

9

Mas se não fores capaz de me atingir em tão excelsa altura; se a tua mente, ó filho da terra, levar-te às baixadas, por ser fraca demais para essa doação total — então procura trilhar o caminho menos árduo do devotamento afetivo.

10

Se nem desse devotamento fores capaz, cultua-me com tuas atividades; se a mim somente dedicares as tuas atividades, também atingirás a meta da perfeição.

11

Se mesmo disso fores incapaz, refugia-te em mim, renunciando aos frutos do teu trabalho, e serve-me com perfeita humildade.

12

Verdade é que o saber espiritual é melhor que o fazer material; porém, melhor que ambos é o amar integral — e isso requer total desapego; quem a tudo renuncia por amor, este está perto da meta final.

13

Quem não quer mal a ser algum e, liberto de ódio e egoísmo, é benévolo para com todas as criaturas; quem permanece fiel a si mesmo, no prazer e no sofrimento, sempre sereno e paciente;

14

Quem tem fé em mim e vontade reta; quem controla o coração e mantém a mente fixa em mim e, totalmente, com reverência e amor, consagra-se em mim — este me é querido.

15

Quem a ninguém ofende neste mundo, nem se sente ofendido por ninguém, mas paira acima de gozo e dor, liberto de cólera e temor — este me é querido.

16

Quem nada aceita nem nada rejeita em interesse pessoal; quem se desapega de tudo que é perecível e só aspira ao imperecível — este me é querido.

17

Quem é sereno e equilibrado em face de amigo e inimigo, imperturbável em face de louvores e vitupérios, em face de calor e frio, em face de prazer e sofrimento, livre de qualquer escravidão — este me é querido.

18

De todos o mais querido, porém, é aquele que me ama acima de tudo, aquele cuja vida é amor — a esse tal amo-o sobremodo e alimento-o com meu amor.

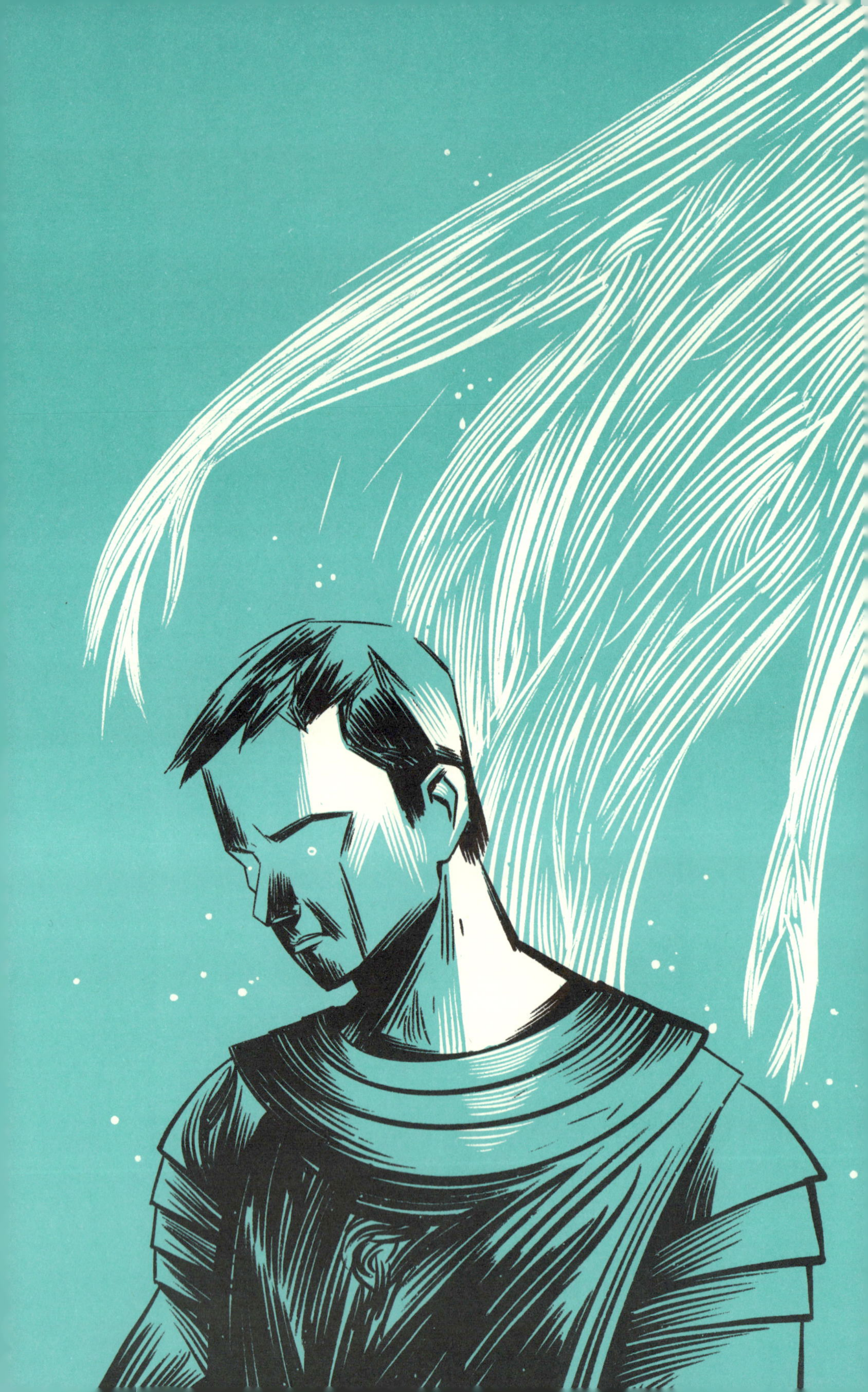

13
Relação entre corpo e alma

No presente capítulo explica Krishna a Arjuna o monismo macrocósmico e o monismo microcósmico, absoluta unidade do Universo sideral e do Universo hominal. Entretanto, essa absoluta unidade da essência se manifesta sem cessar na dualidade, ou pluralidade, das existências; o que os nossos sentidos percebem e o intelecto concebe é a pluralidade existencial que decorre necessariamente da unidade essencial e, por isso, não pode ser tachada de simples ilusão, ou *Maya*. Aliás, a conhecida palavra sânscrita *Maya* não quer dizer propriamente ilusão no sentido de engano, irrealidade; esse termo é derivado de *maha* (grande) e *ya* (afirmação); quer dizer, o mundo fenomenal é a "grande afirmação" da Realidade Numenal de Brahman.

Também a palavra latina *illusio* (ilusão) é composta de *in* (dentro) e *lusio*, palavra derivada de *ludere*, que quer dizer jogar, brincar. De maneira que *illusio* significa o "jogo interno", ou seja, a projeção imanente da Realidade Transcendente. Nesse sentido, escreveu Salomão, cerca de mil anos antes de Cristo, no livro dos Provérbios: "A sabedoria de Deus brinca (*ludit*) todos os dias sobre o orbe terráqueo (*ludens in orbe terrarum*)".

A natureza é, pois, *maya* e *illusio*, no sentido de "grande afirmação", ou "jogo interno", que são como reflexos visíveis projetados no espelho bidimensional de tempo e espaço do mundo visível. Quando o homem, em estado de suprema cosmovidência, vê a Realidade essencial para além de todas as facticidades existenciais, então tem ele uma visão para além dos espelhos e dos enigmas das facticidades; então o homem vê face a face a própria Realidade.

Mas... aqui terminam palavras e pensamentos e impera o Eterno Silêncio da visão direta da Realidade...

Quem nunca teve essa silenciosa visão da Realidade (êxtase, samadhi, satori, terceiro céu) não tem perspectiva exata em face do mundo fenomenal refletido no espelho do tempo e do espaço; é um pobre sonhador dormente que sonha os seus próprios sonhos, e sonha estar acordado — esse pobre ilusor iludido...

FALA ARJUNA:

1

Bem quisera eu, Senhor, conhecer a natureza do corpo material, que parece viver, e da alma que vive; quisera conhecer o campo da vida e da ação, e também o conhecedor desse campo, o conhecimento e o objeto desse conhecimento.

FALA KRISHNA:

2

Ó filho da terra! O corpo é o campo, e a alma consciente nesse corpo é pelos sábios chamada o "conhecedor do campo".

3

Eu sou a alma consciente, que habita em todos os corpos; o verdadeiro conhecimento é somente aquele que em si mesmo conhece aquilo que é.

4

Ouve, pois, o que é esse campo do corpo, qual a sua natureza, qual a sua origem e quais as suas metamorfoses — e ouve também o que é a alma que o anima, e seus poderes que lhe dão grandeza.

5

Essa verdade foi cantada pelos videntes de modos vários, preconizada pelos Vedas e explanada nos comentários dos brâmanes, com arguto raciocínio e lucidez filosófica.

A energia primeva é imanifesta; a vida consciente, a mente e a invisível força do espírito, os sentidos externos e os objetos da sua percepção formam o veículo que a alma constrói.

7

Afeição e aversão, prazer e dor, percepção, vontade, intelecto e consciência, são estes os atributos que lhe competem.

8

Humildade, sinceridade, paciência, probidade, não violência, pureza, fidelidade, constância, fortaleza, autodomínio, amor à verdade, reverência em face do sagrado;

9

Menosprezo de satisfações sensuais, total libertação do egoísmo, clareza sobre o valor relativo de nascimento e morte, velhice, enfermidade e dor;

10

Liberdade de apego, não identificação do Eu com esposa ou filho, casa ou qualquer propriedade material, manutenção da serenidade interna em face de circunstâncias gratas ou ingratas;

11

Indeclinável devotamento a mim, obtido por incessante focalização do meu Ser; amor à solidão, aversão à adulação pública;

12

Consagração ao conhecimento da verdade e à realização do Eu — tudo isso é chamado sabedoria, e o que lhe é contrário é ignorância.

13

É essa a luz da sapiência que confere imortalidade; é o Brahman supremo e eterno, que não é existência nem inexistência.[1]

14

Deus não existe nem inexiste. Embora residindo em todas as formas, é ele sem forma. As potências celestes são as mãos do Soberano. Onipresentes são os seus olhos, suas cabeças, suas bocas, seus ouvidos, seus pés.

15

É ele que abrange, sustenta e ilumina o mundo, glorioso em todo o seu poder, porém não limitado por coisa alguma; senhor de toda obra, e não ligado por obra alguma.

16

Movente de tudo, e não movido por nada; ele, que ninguém pode abranger e que tudo abrange, o Único, o Indivisível.

17

Infinitamente propínquo e infinitamente longínquo; é ele mesmo a vida que dá a todos os seres; é ele o poder que tudo cria e tudo destrói.

18

É ele a luz das luzes, para além de todas as trevas; o conhecedor, o conhecido e o próprio conhecimento, que reside no âmago de todas as coisas.

19

Acabo de explicar-te brevemente, ó Arjuna, o que é o campo, o conhecedor e a realidade cognoscível; quem isso compreende vem ter comigo.

---

[1] Sat (*Realidade, Ser*) e Asat (*Não realidade, Não ser*), em sânscrito. A Realidade Absoluta (Tese) está para além dos Realizados Relativos (antíteses e sínteses). Na ordem lógica do conhecer, aparece Deus (a Realidade) como polarizado — mas na ordem ontológica do ser é ele impolar, por ser onipolar. O Ser Absoluto está além de todo o existir ou do não existir relativos.

20

Sabe também que tanto a matéria como o espírito são sem princípio e que os atributos da Natureza têm a sua origem na própria Natureza.[2]

21

Atua a matéria em virtude do seu poder interno, construindo formas mutáveis; o espírito que nela habita e a fecunda faz que ela experimente prazer e sofrimento.[3]

22

Quando o espírito se une à matéria, participa dos atributos que caracterizam a Natureza, e com eles produz o bem e o mal.

23

O supremo Espírito Cósmico é o dominador onipotente: "senhor e espectador" é o nome que lhe dão; embora incorporado em invólucros terrenos, permanece ele indene do impacto da Natureza.

24

Aquele que, desse modo, conhece-se a si mesmo, como sendo esse espírito, alcançou a luz verdadeira; filho da luz, liberto do seu fardo, não tornará a nascer para sofrer.

---

[2] A essência de todas as existências é eterna, por ser a própria Realidade do Ser. A diversidade, no tempo e no espaço, provém das existências.

[3] Matéria e espírito não são contrários, mas complementares um ao outro; são dois símbolos para um simbolizado, que está para além deles e eternamente ignoto, o grande X, a indecifrável Incógnita. Deus não é nem espírito nem matéria, no sentido polarizado em que usamos esses termos; Deus é a Realidade Absoluta, para além de todos os "pares de opostos" relativos do nosso conhecer. O materialista ingênuo julga saber o que é a matéria, mas engana-se; o que ele conhece são apenas alguns dos fenômenos empíricos da matéria, cuja íntima essência nos é tão desconhecida como a do espírito. O positivo do espírito e o negativo da matéria são derivados do Neutro ou Universal de uma Realidade ultraespiritual e ultramaterial. Mas essa grande Tese, para além das antíteses e da síntese, é, para nós, eterno enigma e indevassável mistério.

25

Pelo autoconhecimento encontram alguns homens o seu verdadeiro Eu; outros, pelo caminho do raciocínio e por atividade de sabedoria e santidade.

26

Outros demandam a luz seguindo os ensinamentos de mestres iluminados, e assim também eles superam a morte.

27

Todo ser que existe, seja móvel ou imóvel, planta ou animal, é um composto de matéria e espírito.

28

E aquele que, nessas formas mutáveis, contempla a mim, o Único, o supremo Senhor, o Incriado e Imutável, esse é um vidente que realmente vê.

29

Quem enxerga o onipotente Senhor do mundo em si mesmo e nos outros seres, este removeu do Eu o véu do ego, deixa de fazer o mal e anda seguro, rumo à sua plena realização.

30

Aquele que conhece que o que a Natureza produz só ela o faz, e que o Eu é inativo e simples espectador, esse também é vidente.[4]

31

E quem compreende que a multiforme pluralidade das criaturas vem da unidade e, finalmente, convergirá na unidade, este vive em Deus.

---

[4] Não é o ego pessoal do homem, mas o seu Eu Universal, o Deus interno, a Natureza essencial, que tudo produz. "As obras que faço não sou eu (meu ego) que as faz, e sim o Pai que em mim está (o Eu divino)."

32

O Ser Supremo é livre de coação, livre dos atributos da Natureza; e, mesmo quando incorporado, não é atingido por nada que a Natureza opera.

33

Assim como o éter permeia os corpos sem ser por eles limitado, assim habita o Espírito Cósmico nos seres, totalmente livre e não afetado por suas obras.

34

Assim como a luz solar penetra os espaços, sem ser maculada pelo lugar em que está, assim brilha a luz do supremo Eu, imanente em tudo, pura e imaculada.

35

Aquele que, assim, pela visão da sabedoria, compreende a diferença entre espírito e matéria e como a luz se liberta das trevas, em todas as coisas da Natureza, esse atingiu a luz e entra no reino da paz.

14

Vitória sobre as três forças da Natureza

Neste capítulo refere-se Krishna à concepção básica que a filosofia oriental tem da Natureza, composta de três gunas ou atributos: sattva, rajas e tamas, que poderíamos traduzir por luz, fogo e trevas.

Quando refletidos no microcosmo hominal, esses atributos do macrocosmo mundial aparecem como sabedoria, cobiça e ignorância. Quando o homem é plenamente iluminado, ou até lucificado, pela luz da intuição espiritual, que é sapiência (sattva), a visão da suprema Realidade, acha-se ele totalmente liberto do fogo da cobiça, dos desejos e de qualquer ganância, e também totalmente liberto das trevas da ignorância.

A ignorância (avidya) é a base profunda dos desejos ou da cobiça, que mantém o homem no sansara do nascer-viver-morrer e não o deixa chegar ao nirvana do puro viver, que ignora nascer-morrer-renascer.

Entretanto, o homem iluminado pela sapiência de sattva não despreza o mundo de rajas e tamas; ele domina totalmente esse mundo mental e material, e não é mais por ele dominado e tiranizado.

Por isso diz o *Bhagavad Gita* que "o ego é o pior inimigo do Eu, mas o Eu é o melhor amigo do ego". O homem plenamente realizado pela sapiência não é inimigo do mundo mental e material, mas serve-se desses mundos como meios para atingir a sua meta espiritual, consoante a sabedoria de Krishna: "O ego é um péssimo senhor, mas é um ótimo servidor".

FALA KRISHNA:

1

Passarei a revelar-te mais ainda o mistério da mais alta sabedoria, que excede todo o conhecimento e pela qual os meus videntes atingem suprema perfeição, após esta vida.

2

Os que estão consolidados nessa verdade e lhe descobriram o sentido profundo já não estão sujeitos a nascimento, durante a minha manifestação cósmica, nem são atingidos pelas vicissitudes da origem e do fim dos mundos.

3

O Universo é o grande ventre materno no qual lanço as sementes de todas as coisas,[1] e delas, ó filho da terra, procedem todos os seres vivos de qualquer espécie.

4

Pois, toda vez que nasce um ser, seja em que forma for, sou eu, o espírito do pai, que lhe dou vida, deitando as sementes das quais as formas nascem.

---

[1] Dessas "sementes cósmicas" fala Santo Agostinho, no seu livro *De Genesi a literam*, antecipando a teoria evolucionista de Charles Darwin por um milênio e meio. Ver no meu livro *Agostinho*, capítulo 10. As sementes cósmicas são a potencialidade latente, as formas são a atualidade manifesta. O *Eidos* (Ideia) de Platão e os *Semina rerum* do poeta romano também significam essas potências dormentes lançadas pelo espírito criador no seio da grande mãe cósmica, que os orientais chamam Maya.

Brahman (neutro), quando passa a ser Brahma (masculino), se torna o pai eterno, uno e único, que, fecundando Maya, a natureza-virgem, se pluraliza indefinidamente por meio da criação; a luz incolor da unidade inicial se dispersa no multicolor da pluralidade do cosmos — e isso é Universo, um em diversos, unidade na diversidade.

Segundo a teologia grega ortodoxa, o Cristo Cósmico nasce do conúbio do Pai Eterno (1ª pessoa da Trindade) e da *Hágia Sophia* (Santa Sabedoria, que é a 2ª pessoa, a Virgem Cósmica), e dessa fecundação nasce o Cristo humano, o Espírito Santo fecunda a Virgem Telúrica, Maria de Nazaré, e desse novo conúbio nasce o Cristo Telúrico, que se manifestou na terra por Jesus de Nazaré.

Na atual teologia cristã ocidental há uma confusão entre as duas gerações, a do Cristo Cósmico e a do Cristo Telúrico.

A majestosa catedral de Istambul (Constantinopla) é consagrada a *Hágia Sophia*, isto é, Santa Sabedoria, que simboliza o Espírito Santo, e a qual no Livro da Sabedoria, do Antigo Testamento, aparece como a *Sophia*, que quer dizer sabedoria ou sapiência.

5

Sattva, iluminação, rajas, atividade, e tamas, passividade[2] — são os três poderes que nascem da Natureza e prendem o espírito infinito a este mundo finito.[3]

6

Desses três, sattva, por ser puro e luminoso, possui o dom de dar alegria e beatitude à alma livre de pecado e fascinada pela verdade.

7

Rajas, porém, a paixão que cria cobiça, empolga a alma pelo apego às obras.

8

Tamas nasce da ignorância e é causa da autoilusão em todas as coisas — um nada que domina o mundo inteiro e liga a alma pela inércia da passividade.

9

Destarte, sattva produz felicidade; rajas gera atividade e desejo de conhecer; e tamas resiste à luz da sapiência pelas trevas da insipiência.

10

Às vezes, sattva prevalece sobre rajas e, tamas; e às vezes, tamas sobrepuja os dois, sattva e rajas.

---

[2] Neste capítulo passa Krishna a explicar a Arjuna os três elementos ou fatores que presidem a toda a evolução cósmica: a luz da razão espiritual (sattva), a força mental da inteligência (rajas) e a inércia passiva da matéria (tamas), ou seja: o espírito pleniconsciente, o intelecto semiconsciente e a matéria inconsciente. Luz, calor, matéria. Compreender, querer, ignorar.

[3] O espírito infinito é Deus; esse espírito divino em forma finita é a alma humana ("não sabeis que o espírito santo habita em vós?"); a encarnação do espírito de Deus no homem é um processo de involução; a sua progressiva libertação do mundo dos finitos é a evolução ou autorrealização, pela qual adquire a alma a sua perfeição individual, cujo ponto culminante é a imortalidade, o regresso livre e espontâneo do espírito divino individual ao Espírito Universal. Caso a alma não se imortalize ("renascimento pelo espírito"), perde a sua individualidade e volta ao Espírito Universal, deixando de existir como indivíduo ("morte eterna").

11

Quando perecem a luz do conhecimento e a força da cobiça, resta tamas. Quando tamas e sattva se apagam, continua a arder rajas.

12

Mas, quando a luz divina penetra todas as faculdades do teu ser, ó Arjuna, então sabe que sattva atingiu em ti maturidade.

13

Quando desejos, cobiça, ganância, ambição e dinamismo externo perturbam o sossego de tua alma, então sabe que rajas te governa.

14

Quando estupidez, inércia e arrogante ignorância, erro, incerteza e superstição se apoderarem de ti, então tamas te avassalou.

15

Quando a alma governada por sattva deixa este mundo, ingressa na mansão divina da luz, onde habitam aqueles que amaram o bem e o atingiram.

16

Mas quando o corpo morre enquanto rajas exerce o seu poder, vai o homem ao reino ígneo dos desejos, lá onde vivem os seres ainda vinculados à terra.

17

E quando o homem morre ainda envolto nas trevas de tamas, cego para a luz, é ele privado da natureza humana e desce à zona dos seres inferiores.

18

O que procede de sattva é luz e pureza; de rajas nascem torturas; e tamas gera ignorância. Sabedoria é filha de sattva; cobiça é produto de rajas; ilusão e ignorância vêm de tamas.

19

Os que vivem à luz de sattva pairam nas alturas da consciência do Eu divino; os que vivem dominados por rajas guiam-se pela consciência do ego mental; e os que vivem em tamas só conhecem a vida corporal.

20

Quando o homem de visão espiritual compreende como nele se revelam essas forças da Natureza, e sabe o que existe para além delas, então entra ele na minha liberdade.

21

Então deixa ele de ser autor das obras que realiza no plano da Natureza; liberto de nascimento e morte, de pecado, sofrimento e velhice, bebe as águas vivas da imortalidade.

FALA ARJUNA:

22

Como se conhece, Senhor, o homem que tal vitória alcançou? Como vive aquele que, pelo poder do espírito, superou as três forças da Natureza?

FALA KRISHNA:

23

Ó príncipe! Quando o homem que habita na paz e no esplendor da luz é capaz de tolerar o fogo dos desejos e as trevas da ignorância, sem ser por eles dominado nem por eles irritado.

24

Quando os pode contemplar como se não fossem dele, mas um simples jogo da Natureza, dizendo consigo mesmo: "Eles seguem as suas leis".

25

Quando o prazer e a dor lhe valerem o mesmo e equivalentes lhe forem uma pedra e um bloco de ouro, e se mantiver equânime em face de amigo e inimigo, sempre sereno e calmo, sobranceiro a louvores e vitupérios.

26

Nada desejando e nada receando, por ter conhecido a lei que está acima de tudo — então é ele chamado um vencedor da Natureza.

27

Quem assim me cultua, com fé e devotamento, acima de tudo, esse será liberto das forças da Natureza e se torna apto para unir-se a Brahman.

28

Porquanto, eu sou o habitáculo de Brahman, a pátria da imortalidade, o espírito, a sapiência, a lei, e de todos os seres a eterna beatitude.

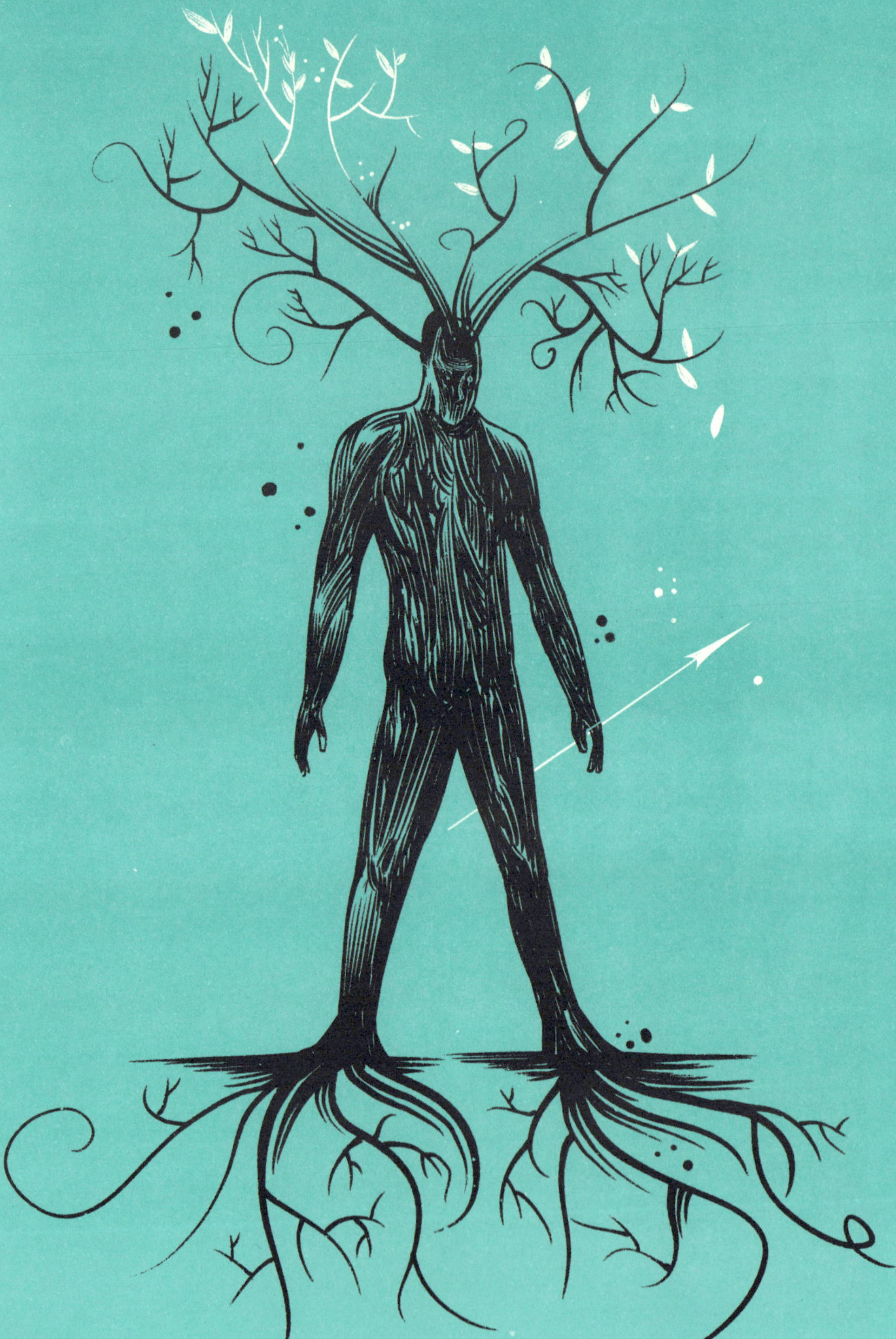

15
A experiência do espírito supremo

Este capítulo repete, em nova forma, a verdade fundamental de que a única força libertadora do homem é a verdade devidamente conscientizada, isto é, a visão clara da realidade sobre si mesmo, o autoconhecimento.

A pergunta multimilenar da filosofia hindu "quem sou Eu?"; o imperativo categórico *gnothi seauton* (conhece-te a ti mesmo), inscrito no templo de iniciação de Delfos; o convite do Cristo "conhecereis a verdade, e a verdade vos libertará" — tudo isso sintetiza a verdadeira filosofia da autorrealização. Todas as misérias do homem vêm da falta de autoconhecimento, da ilusão sobre a sua verdadeira natureza — e toda a felicidade do homem vem da visão intuitiva sobre si mesmo.

Os sentidos são como que invólucros opacos; o intelecto é um invólucro ligeiramente translúcido — mas somente a razão espiritual é um cristal transparente, que permite a passagem da luz do espírito e sua manifestação benéfica na vida do homem. Quando a luz incolor passa por um prisma triangular, faz aparecer do outro lado as sete cores do arco-íris — quando a luz incolor do espírito atravessa o prisma do tríplice ego humano, então a incoloridade essencial aparece na multicoloridade existencial; e, quando o homem sabe que todas as cores da sua existencialidade têm origem no incolor da eterna essência, então a sua vida humana se transfigura maravilhosamente.

O homem integral, autorrealizado, não se conforma passivamente com as misérias da vida terrestre, nem tenta escapar delas para um céu póstumo — mas transforma e transfigura pelo poder do espírito todas as trevas da matéria e todas as penumbras da mente, iluminando-as e lucificando-as com a pleniluz do espírito.

O problema essencial é intensificar a tal ponto a luz e o poder da consciência, que ela seja capaz de transfigurar totalmente a natureza do homem, aqui e agora, para sempre e por toda parte.

FALA KRISHNA:

1

Ashvattha, a eterna árvore simbólica, tem suas raízes, a fonte primeira, firmadas nas alturas, no Ser Supremo, e seus ramos se desdobram para baixo, pelo mundo criado, em incessante mutação — quem isso compreende conhece o Universo.[1]

2

As ramificações da árvore descem para as baixadas do mundo sensorial e sobem para as alturas do mundo supersensorial; o seu alimento são as gunas.[2] Os objetos do mundo sensorial são como seus brotos. As raízes nascem sempre de novo dos atos que o homem pratica no mundo objetivo e o prendem a este plano.

3

Neste mundo de sansara em contínuo vaivém, desconhece o homem a origem e o fim da árvore da vida; mas aquele que, pelo gládio da renúncia, corta as raízes do apego em seu coração;

---

[1] Ashvattha é a força criadora do cosmos, que radica na Essência da Infinita Realidade, e se expande por todas as Existências dos mundos finitos; é, no dizer de Spinoza, a *natura naturans*, a alma do Universo, ao passo que a *natura naturata* é, por assim dizer, o corpo da invisível Divindade, o Adi-Atman mencionado no capítulo 11.

[2] Gunas são os três atributos da Natureza, explicitados no capítulo 14.

4

Esse ingressa no Altíssimo, naquela morada da qual nunca mais regressa para a vida mortal, porque entrou na posse da Verdade, de cujo seio irradia toda essa manifestação cósmica.[3]

5

O homem liberto de vaidade, egoísmo e apego ao mal e que, de todo o coração, se devota à realização do Eu divino, superando os pares de opostos, como prazer e dor — esse é um sábio e ingressa na Suprema Realidade.

6

Os que atingiram esse estado são iluminados por um outro Sol, por outra Lua e por outra luz, que os liberta do erro e do pecado.

7

Quando um raio do meu Espírito se reveste de forma no mundo dos finitos, então se condensa ele em sentimento ou pensamento.

8

E assim a alma se une à carne; e, quando abandona o corpo carnal, volta a mim com os perfumes que colheu no mundo terrestre, assim como o vento leva consigo a fragrância das flores por onde passou.

9

Vinculada pela visão e audição, pelo olfato, gosto e tato, e ainda pelo intelecto, colhe a alma experiências no mundo das percepções objetivas e, por vezes, a ele sucumbe.

---

[3] Todas as grandes filosofias e religiões sabem que o Universo finito é uma emanação da Divindade infinita, um produto do Todo Essencial, que é idêntico ao Nada Existencial. Entretanto, convém evitar as expressões parcela, centelha da Divindade, que insinuam o erro dualista de que o Universo criado seja algo separado do Deus Criador. O Universo não é separado nem idêntico a Deus, como opinam o dualismo ocidental e o panteísmo oriental, mas está em Deus, porém distinto dele, porque Deus é ao mesmo tempo transcendente a tudo e imanente em tudo.

10

Os profanos não reconhecem o Espírito em seu coração;

11

Ao passo que os impuros de coração, os não iluminados, não o percebem, mesmo quando o procuram.

12

A luz solar que ilumina o mundo, a luz da Lua e a do fogo sabem que provêm da minha luz.

13

Penetrando a terra com a minha energia vital, vitalizo todos os seres, fazendo circular as seivas através de raízes, tronco, ramos e flores.

14

Como calor vital, revelo-me nos seres que respiram; dupla é a minha respiração: o prana que entra, e o apana que sai[4] — e assim assimila as quatro classes de elementos.

15

Bipolar é tudo quanto existe no mundo: o Uno, que é indiviso, e o Múltiplo, que é divisível; o que vive no mundo é divisível, indivisa é a força vital.[5]

---

[4] Sobre esse processo de inalação e exalação se baseia uma das mais eficientes práticas de meditação e contemplação esotérica; a prolação do sacro trigrama AUM deve ser acompanhada da visualização da vida-luz que entra e da morte-treva que sai do homem; a primeira (prana) é vermelha como o oxigênio vitalizante, a segunda (apana) é azul como o carbono mortífero.

[5] Cerca de 400 anos antes da era cristã, o filósofo e matemático grego Demócrito de Abdera elaborou a sua célebre "teoria atômica", mencionada respeitosamente por cientistas modernos, como Albert Einstein e Fritz Karhn. Para Demócrito, a Suprema Realidade (Deus) é o *a-tomo*, palavra grega para "indiviso" ou "indivisível". Compreendeu o exímio pensador que tudo que é divisível é quantidade dimensional, a qual, por sua própria natureza, representa um derivado, causado, efeito, mas que a qualidade indimensional (Realidade) deve ser necessariamente indivisível (átomo), ou seja, pura energia, o *actus purus* de Aristóteles, a Causa não causada, a Infinita Realidade em si mesma, além de tempo, espaço e causalidade passiva. O nosso "átomo" de hoje não é o de Demócrito, porque não é "atômico", indivisível. O verdadeiro "Átomo" é o Infinito, o Absoluto, o Universal, o Uno, a Causa Prima.

16

Mas acima de tudo está o Espírito, cuja força invade o mundo inteiro, mundo que ele enche e sustenta, ele, o Eterno, o Imortal.

17

Eu sou para além dos mortais e dos imortalizados, eu, a suprema Divindade, a Essência dos três mundos.

18

Quem assim me conhece, liberto de ilusões em seu coração, e a mim se consagra sem reserva, esse vem ter comigo.

19

É esse o sacro mistério que te revelo, a ti que és sem pecado; quem o compreende supera este mundo e entra na liberdade.

16
O destino dos insensatos

O presente capítulo é um surpreendente paralelo ao início do Livro da Sabedoria de Salomão, que faz parte da *Bíblia* do Antigo Testamento:

"Dizem consigo os que pensam erradamente: breve e cheia de tédio é a nossa vida, nem há refrigério quando o homem morre; nem consta que alguém tenha regressado do Além; do nada nascemos, e depois disso será como se nunca tivéssemos existido; pois a nossa vida é como a fumaça e como o sopro das nossas narinas; o pensamento não passa de uma centelha nascida do movimento do nosso coração; quando se apaga reduz-se a cinza o nosso corpo, e o nosso espírito se desvanece como ar sutil; passa fugaz a nossa vida, como o rasto de uma nuvem, e se dissolve em vã neblina, que os raios solares dissipam e fazem cair com o seu calor. O nosso amor será olvidado ao longo dos tempos e ninguém se lembrará das nossas obras; uma sombra apenas é a nossa existência e não há repetição, depois de terminada, porque está sob sigilo, e ninguém regressará.

Vamos pois e gozemos as coisas boas, enquanto existem! Aproveitemo-nos do mundo sem tardança, enquanto somos jovens! Folguemos no meio de preciosos vinhos e unguentos, e não deixemos de colher uma só das flores da primavera! Coroemo-nos de rosas antes que murchem! Não haja prado algum em que não campeie a nossa luxúria! Pois é esse o nosso quinhão e o destino da nossa vida!".

Ninguém consegue libertar-se desta tirania da matéria e da mente se não tiver a visão nítida do espírito.

Sattva é o único poder de dominar rajas e tamas.

FALA KRISHNA:

1

Destemor e pureza de coração, vontade firme no caminho da disciplina espiritual, amor para com todos os seres vivos, controle dos sentidos, espírito de sacrifício, estudo dos livros sacros que falam de autoiluminação, amor à solidão, autodomínio;

2

Não violência, veracidade, renúncia, espírito de perdão, serenidade, liberalidade, compaixão, paciência, modéstia, constância;

3

Alegria espiritual, mansidão, suavidade, castidade, fortaleza, compreensão, humildade e paz de espírito — são essas as qualidades que caracterizam o homem que aspira a um nascimento divino;

4

Ostentação, arrogância, convencimento, ira, brutalidade, pseudoconhecimento, vaidade e hipocrisia — são esses os sinais dos que falham o nascimento divino e que seguem o destino dos Asuras.[1]

5

Os atributos divinos conduzem à libertação pelo autoconhecimento — os atributos não divinos forjam a cadeia para a escravidão da ignorância. Entretanto, não te entristeças, ó príncipe! Tu tens um caminho aberto para o mais alto.

6

Habitam em cada homem duas naturezas: a divina e a não divina. De uma te falei — escuta agora algo sobre a outra.

---

[1] Asuras (o oposto de suras) são todos os seres não divinos, isto é, os que são destituídos de consciência e livre-arbítrio. Os Asuras do mundo infra-humano não são culpados por não possuírem esses atributos; mas o homem, dotado de consciência e livre-arbítrio, quando se porta como um Asura, é culpado.

7

Os seres que se parecem com os Asuras ignoram a sua origem e o seu fim; vivem como sonâmbulos; não há neles nem inteligência nem retidão.

8

Dizem eles: "Não há neste mundo lei alguma, nem ordem, nem verdade, nem senhor; o mundo se originou por um cego acaso; o fim da nossa existência é o prazer dos sentidos".

9

Enredados nessa ilusão, passam eles a sua vida; pois impuro é o seu coração e obscurecida é a sua mente. São a desgraça do mundo, pois impedem a paz e o progresso e promovem a ruína.

10

Escravos de desejos insaciáveis, cheios de vaidade, hipocrisia e arrogância, cegados pelas aparências, amam a ilusão e vivem o avesso da verdade.

11

Chamam verdade à mentira e gostam das ilusões que levam à morte; ignoram a realidade e sacrificam sobre o altar dos ídolos ao próprio ego nascido de miragens.

12

Algemados por toda espécie de esperanças, luxúrias e violências, visam a um só escopo: acumular riquezas para satisfazer seus desejos sensuais.

13

Falam assim: "Foi isto que consegui hoje, e é aquilo que conseguirei amanhã. Conquistei esta fortuna agora, e espero conquistar outra no futuro.

14

Derrotei este inimigo, e hei de aniquilar outros. Eu sou o senhor do mundo, poderoso e feliz! A minha vontade é lei — tudo deve servir aos meus prazeres!

15

Eu sou rico, sou de alta linhagem — quem pode medir-se comigo com elegância e bem-estar? A minha vida é uma delícia!"... Assim falam esses insensatos.

16

Empolgados pela tempestade das suas paixões, enredados no círculo vicioso das suas miragens falazes, vão eles descendo rumo ao repelente abismo do inferno.

17

Orgulhosos, convencidos e inebriados de possessões, praticam obras boas só por ostentação e hipocrisia; os seus sacrifícios são formalidades inúteis e sem valor.

18

Obsedados de egoísmo, vaidade, orgulho e insolência, odeiam-me esses blasfemos, a mim, o espírito divino imanente neles mesmos e nos corpos dos outros.

19

Esses malfeitores, escória da humanidade, esses infelizes e perdidos, mando-os, repetidas vezes durante o ciclo dos seus nascimentos, para os corpos de seres inferiores.

20

E assim, migrando pelas entranhas de seres inferiores, descem eles ao plano ínfimo — até que, finalmente, voltem-se a mim.

21

Tríplice é o portal que leva aos ínferos: luxúria, ira e cobiça. Evita-os! Quem os evita encontra o caminho reto da paz.

22

Ó príncipe! Aquele que se libertou desses três portais das trevas pratica o que conduz à meta suprema.

23

Quem despreza as leis éticas e espirituais das escrituras sagradas e segue os impulsos sensuais jamais atingirá a perfeição nem a felicidade da meta suprema.

24

Por isso, guia-te pelos livros sacros, para saber o que deves fazer ou deixar de fazer. Guiado por esse espírito, realiza o que tens de realizar no mundo!

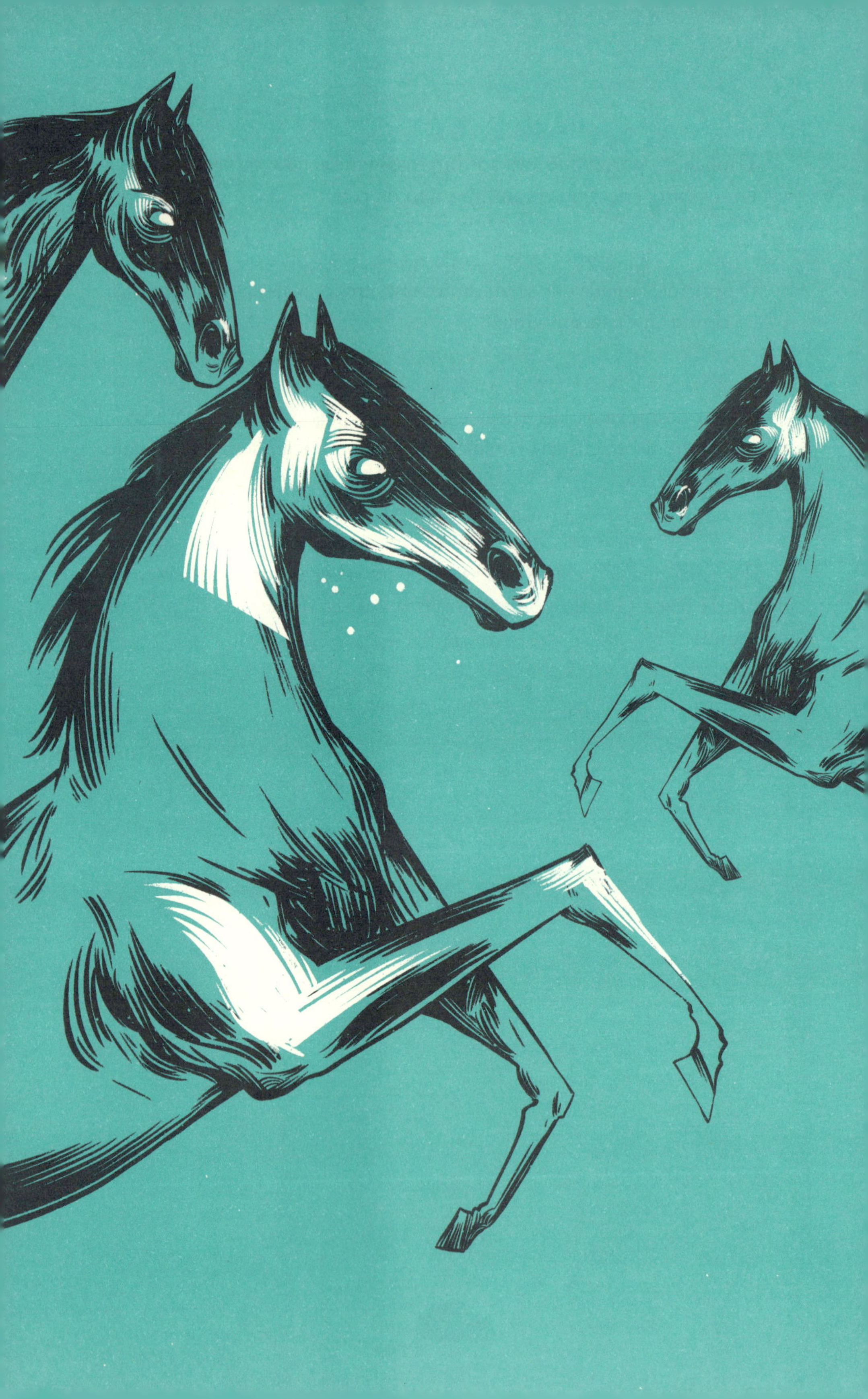

17
Os três motivos de agir

Neste capítulo repete e reforça Krishna a ideia central de que tudo o que o homem faz ou diz não tem valor intrínseco em si mesmo, mas recebe o seu valor, ou desvalor, daquilo que ele é conscientemente. Esse ser consciente é algo parecido com o "1" da matemática, que dá valor aos zeros colocados à sua direita: 1.000.000; mas esses zeros, quando isolados, 000000, não representam valor algum.

Atos e fatos não têm valor intrínseco; são puros zeros; mas podem ser valorizados pela atitude ou realidade de que dimanam. Nenhum agir tem autovalor, mas pode ser valorizado pelo Ser do qual brotou e por amor ao qual alguém age. Agir ou não agir não resolve nada; o que resolve é um agir praticado em nome do Ser intensamente conscientizado e por amor a ele.

FALA ARJUNA:

1

Qual o estado daqueles homens, Senhor, que fiéis à consciência praticam o bem, mas não seguem os rituais prescritos? Dize-me se eles obedecem a sattva, rajas ou tamas.[1]

---

[1] Neste e no capítulo seguinte traduzimos indistintamente os termos sânscritos *sattva* por sabedoria ou razão; *rajas* por cobiça ou inteligência; e *tamas* por ignorância ou sentidos. O sentido do texto não se altera com essas variantes, que quebram um tanto a monotonia das repetições do texto original.

FALA KRISHNA:

2

Tríplice é o motivo de agir do homem, conforme a índole da sua origem: a atitude da *verdade*, a atitude do *desejo* e a atitude obscura da *ignorância*.

3

Da íntima natureza de cada homem é que nasce o seu motivo de agir; o homem é aquilo que ele ama; o que o homem é, é isso em que ele crê, e com isso se identifica.

4

Os homens guiados pela razão invocam os deuses; os homens que obedecem à inteligência invocam Rakdhas e Yakshas,[2] e os homens que se guiam pelos sentidos invocam Pretas e Bhutas.[3]

5

O homem que segue seu próprio ego pratica mortificações não prescritas por lei, oriundas de autodecepção, e ilude a si mesmo.

6

Quem castiga os elementos corpóreos, que se acham no homem, castiga a mim, que habito em todas as coisas; este cultua o mal, e não a mim.

7

Do mesmo modo como é tríplice em seus efeitos todo alimento, assim é tríplice também o caráter de toda disciplina, sacrifício e esmola. Escuta estas diferenças.

---

[2] Entidades do mundo dos mentais ou lucíferos.
[3] Entidades do mundo dos elementais ou demônios.

8

Alimento que aumenta a vitalidade, que dá bem-estar, força e quietação, alimento maduro, saboroso e assimilável — esse é preferido pelos homens que obedecem à sabedoria da razão.

9

Alimento forte, ardido, picante, salgado ou ácido, que põe fogo no sangue e causa doenças — esse é preferido pelos homens que obedecem à ciência do intelecto.

10

Manjares passados, insípidos e pútridos, corruptos, imundos e refugados pelos seres superiores — esses são procurados pelos homens que obedecem à ignorância dos sentidos.

11

Obra praticada sem interesse nem desejo de prêmio ou louvor, mas pelo senso do dever que a lei exige — essa é filha da sabedoria.

12

Obra praticada com desejo de recompensa, na esperança de receber em troca algo melhor, por vaidade, ganância ou ostentação — essa reveste a índole da cobiça.

13

Quem pratica obra contra a lei e a razão, por ignorância ou sem o conhecimento da verdade — esse age impelido pela estupidez dos sentidos.

14

A verdadeira mortificação consiste em cultuar a Divindade com retitude, honrar os iluminados e ser tolerante, benévolo e amável para com todos.

15

Quem profere verdades que não ferem os outros; quem é amável e bondoso; quem alimenta sua alma com santas orações — esse pratica mortificação por palavras.

16

Pureza de coração, serenidade, o culto do silêncio; incessante desejo de disciplina, mente piedosa e firmeza de vontade — é esta a mortificação interior aconselhada pelo espírito.

17

É esse o tríplice modo de agir da verdadeira disciplina; e, quando inspirada pela luz da fé, sem intuito de lucro — então é atitude de sabedoria racional.

18

Quem, todavia, pratica essas disciplinas com intenção de lucro ou elogio, este é hipócrita; vã é a sua obra, porque nasceu da atitude de cobiça mortal.

19

A disciplina, mesmo que não vise a fim algum, mas praticada por simples crendice, mesmo com mortificações, essa é prejudicial, porque oriunda da ignorância dos sentidos.

20

Quem dá esmola em tempo e lugar corretos, de espírito alegre e por compaixão, inspirado no senso do dever, sem nada esperar em retribuição — esse também é guiado pela sapiência da razão.

21

Quem oferece uma dádiva porque espera lucro ou vantagem, ou quem dá de má vontade e a contragosto — esse é vítima da insipiência do intelecto.

22

Quem dá esmola com modos desabridos ou com menosprezo, em tempo e lugar incorretos, ou a pessoas que dela abusarão — esse é dominado pela ignorância dos sentidos.

18

Ioga da
libertação total

Neste último capítulo do *Bhagavad Gita*, denominado em sânscrito *moksha-ioga*, sintetiza Krishna o que, em capítulos anteriores, dissera a Arjuna, frisando que a santidade do homem não consiste em objetos ou atos externos — seja no agir, seja no deixar de agir —, mas consiste numa atitude interna do homem harmonizado com a Lei do Infinito. Nessa altura se funde a mística do Oriente com as luzes da filosofia dos estoicos da Antiguidade e com a sabedoria do Evangelho do Cristo, segundo as quais todo o bem e todo o mal consistem na atitude interna do sujeito e não em atos ou objetos externos. Nem o conhecer nem o conhecido decidem sobre o valor ou desvalor, mas tão somente o conhecedor (ou cognoscente), conforme as palavras do profeta: "Assim como o homem pensa no seu coração, assim ele é". Essas palavras são confirmadas pelo Cristo: "Foi dito aos antigos: não matarás... não cometerás adultério... Eu, porém, vos digo que todo homem que tiver ódio de seu irmão... que lançar olhar cobiçoso a uma mulher... já cometeu homicídio... já cometeu adultério"...

Como no capítulo anterior, continuamos a substituir os termos sânscritos *sattva*, *rajas* e *tamas* pelos seus equivalentes: sabedoria ou verdade, radicada na razão; cobiça, oriunda da inteligência; e ignorância, proveniente dos sentidos.

FALA ARJUNA:

1

Explica-me, ó Senhor dos céus, a quem saúdam todos os corações, qual a natureza da abstenção (sannyasa) e da renúncia (tyaga)?

FALA KRISHNA:

2

Dizem os sábios que a abstenção consiste em deixar de fazer uma coisa inspirada pelo desejo pessoal, ao passo que a renúncia é o desapego de qualquer recompensa.

3

Há pensadores que recomendam ao homem que desista de qualquer atividade, uma vez que toda atividade externa macula a consciência interna, devendo por isso ser evitada; outros dizem que atos de culto, caridade e outras obras boas não devem ser evitados.

4

Ouve, pois, nobre príncipe, o que te vou explicar: tríplice é o modo como a renúncia se manifesta, quer no agir, quer no desistir.

5

Obras de culto, de caridade e autodomínio não devem ser abandonadas, porque são meios para o homem se purificar.

6

Mas também essas obras devem ser realizadas sem nenhum interesse pessoal e sem nenhum desejo de resultados[1] — é esta a minha lei suprema e imutável.

---

[1] Quando os nossos teólogos ensinam seus fiéis a praticarem boas obras "para merecerem o céu", entendem eles um céu externo, fora do homem, e isso é erro, que fomenta o espírito mercenário; é um egoísmo póstumo, transferido da vida do aquém para a vida do além. O Evangelho do Cristo ensina que "o reino dos céus está dentro de vós" e, por isso, "quando

7

É erro omitir uma obra que deva ser realizada; quem assim procede é inspirado pela ignorância, que nasce de elementos sensoriais.

8

Quem deixa de fazer o que deve ser feito porque lhe é penoso e ingrato, este procede egoisticamente; o que o impele a essa desistência é aberração mental.

9

Mas quem realiza o que deve ser realizado, sem se preocupar com a vantagem ou desvantagem que daí lhe advenha, este age no espírito da sabedoria espiritual.

10

Quem não sente repugnância em realizar uma obra que nenhuma vantagem lhe dá, nem tem desejo de fazer algo que lhe dê vantagem, este pratica renúncia e age corretamente.

11

Homem algum pode desistir totalmente de qualquer atividade, enquanto vive em corpo mortal; mas quem de todo o coração abre mão dos frutos do seu trabalho, este renuncia e age corretamente.

12

De três categorias são os frutos na vida futura: os bons, os maus e os mistos — mas onde não se realiza obra alguma não há fruto.

13

"De cinco coisas necessita cada obra", diz a filosofia Vedanta:

---

houverdes feito tudo o que fazer devíeis dizer: somos servos inúteis; cumprimos a nossa obrigação, nenhuma recompensa merecemos por isso". Os verdadeiros místicos do Cristianismo compreenderam essa verdade, procurando ser incondicionalmente bons, independentemente da ideia de um céu ou um inferno fora deles. O verdadeiro céu é o próprio fato de ser bom, como o verdadeiro inferno é o fato de ser mau. Céu e inferno não são lugares extra-humanos, mas estados de consciência infra-humanos.

14

A força para agir, o agente, o instrumento, a ação e o resíduo de atos anteriores (karma).

15

Em qualquer ato que o homem pratique, com os sentidos corpóreos, com a língua ou com a mente, a causa eficiente provém desses cinco elementos.

16

Em face dessa verdade, o homem de mente não iluminada, que considera o seu ego o agente absoluto dos seus atos, labora em erro e não enxerga nada.

17

Quem, todavia, libertou-se totalmente da falsa noção de que o seu ego seja o verdadeiro Eu realizador, quem possui pureza de coração e nítida discriminação, este não mata, embora exterminasse exércitos, nem é responsável pelas consequências dos seus atos.[2]

18

O conhecimento, o cognoscível e o cognoscente, esses três conjuntamente inspiram a vontade para agir. Os sentidos, a obra escolhida e o agente, esses três em conjunto formam a base harmoniosa para a execução da obra.

19

O conhecimento, o agente e a ação, diz a filosofia Vedanta, diferem nos seus próprios atributos. Escuta agora quais são esses atributos:

---

[2] Tornamos a prevenir o leitor de que palavras como essas, quando analisadas apenas mentalmente, e não intuídas espiritualmente, representam um perigo individual e social. É o caso de repetir a advertência de Paulo de Tarso: "O homem mental não compreende as coisas espirituais, nem as pode compreender, porque lhe parecem estultícia; pois elas devem ser compreendidas espiritualmente. O homem espiritual compreende todas as coisas".

20

A verdadeira sabedoria, que vem da razão espiritual, está em reconhecer que há uma só Vida que vivifica todas as coisas; ela é o Uno, o Indivisível, que se revela em todos os Divisíveis.

21

Quem conhece esse Uno conhece nele tudo que existe; quem conhece muitas coisas, mas desconhece o Uno, esse, na realidade, não conhece nada — e o seu saber é simples produto mental.

22

Falso é o conhecimento do homem que, com toda a sua alma, apega-se a uma coisa, como se ela fosse o Todo; envolto nas trevas dos sentidos, ignora ele o próprio fundamento da existência.

23

Agir corretamente é trabalhar em harmonia com a Lei, sem apego, desinteressadamente, livre de ódio e paixão — e esse agir, nascido da Verdade, liberta o homem.

24

Filho do desejo é o ato que visa satisfazer algum interesse pessoal, e esse agir, nascido da ilusão, escraviza o homem.

25

Obra nascida de ignorância e insensatez, sem respeito às consequências, boas ou más — é filha da obtusidade dos sentidos.

26

Quem realiza uma obra à luz do conhecimento e isento de cobiça, e sem visar recompensa, esse age em nome da sabedoria.

27

Quem trabalha para gozar os frutos do seu trabalho, oscilando entre alegria e tristeza, age em nome do egoísmo escravizante.

28

Quem age indeciso, sem rumo certo, sem jeito nem critério, procurando iludir os outros — este age sob o signo do desmazelo.

29

Passarei a revelar-te agora o modo como discernir os atributos da alma oriundos da Razão (sattva), da Inteligência (rajas) e dos Sentidos (tamas).

30

Iluminada pela luz da sabedoria é a alma quando conhece atividade e repouso, quando sabe discernir temor e destemor, o que escraviza e o que liberta a alma.

31

Mas quem apenas vislumbra, sem nitidez, a diferença entre o que é justo e o que é injusto, ou quem enxerga a verdade mas não a abraça, este foi colhido pelas chamas da paixão mental.

32

E quando a mente está envolta em noite, aceitando mentira por verdade, e enxergando todas as coisas assim como ela mesma é, então é ela obcecada pela ignorância dos sentidos.

33

Realmente perseverante é o homem quando domina os impulsos do coração, a força vital e os sentidos — e isso provém do conhecimento da Verdade.

34

Escravo de teimosia mental é aquele que se apega tenazmente a coisas que deseja e cujos frutos pode gozar.

35

Escravo de inércia sensorial é aquele que vive agitado pelo temor e pela preguiça, entre dúvidas e angústias e atitudes negativas — este é vítima dos sentidos corpóreos.

36

Agora escuta, Arjuna, o que te vou dizer sobre a tríplice felicidade, que se alcança pelo autodomínio, que se goza no Eu interior e que põe termo aos sofrimentos.

37

O que, no princípio, tem gosto de veneno, mas no fim é saboroso como néctar — essa é a felicidade que nasce do conhecimento de si mesmo e gera beatitude espiritual.

38

Mas aquilo que, no princípio, sabe a néctar, e depois atua como veneno — por ser ilusão dos sentidos —, isso é produto do orgulho mental.

39

Pernicioso e mau, tanto no princípio quanto no fim, é o prazer que nasce da preguiça, da autoindulgência e da estupidez — e é o que se chama satisfação sensual.

40

Nada existe, ó nobre príncipe, na terra nem no céu dos deuses que não resista aos atributos (gunas) nascidos da Natureza criadora.

41

Os deveres dos brâmanes (brahmanas), dos guerreiros (kashatriyas), dos agricultores (vaishyas) e dos servos (suras)[3] são determinados pelos atributos da Natureza, que é própria a cada um dos seres.

42

Quem é um brâmane de verdade possui alma serena e autodomínio, é puro de coração, paciente e sábio, e firmemente consolidado na experiência da Verdade.

---

[3] As classes ou castas principais da Índia, cuja origem e destino não são considerados resultado de simpatia ou antipatia social, mas determinação metafísica da Lei Cósmica. Daí a serenidade com que cada classe cumpre os deveres próprios da sua categoria.

43

Intrepidez, fidelidade, inteligência, firmeza, coragem, força e nobreza: são essas as características do guerreiro, nascidas de sua natureza peculiar.

44

As atividades do agricultor e do negociante nascem da sua própria profissão; aquele amanha a terra, e este negocia com mercadorias. O servo, destinado a proporcionar conforto material, age também segundo a sua própria natureza.

45

Quem cumpre o seu dever peculiar de acordo com a sua íntima natureza, este atinge a mais alta perfeição. Ouve agora, ó príncipe, como o homem que cumpre o seu dever atinge suprema perfeição.

46

Atinge o cume da perfeição o homem que cultua Aquele pelo qual todas as coisas entraram na existência e cuja presença permeia todo o Universo — e esse culto se revela no cumprimento do dever de cada um.

47

Melhor é cumprir o seu próprio dever, embora imperfeitamente e de boa-fé, do que cumprir bem o dever alheio; quem cumpre devotadamente o seu dever é livre de pecado.

48

Deve todo homem obedecer à sua consciência, ainda que imperfeita seja a sua obra; pois, assim como do fogo se desprende a fumaça, assim tudo quanto o homem faz é contaminado de culpa.

49

Só alcança perfeita liberdade e transcendente serenidade aquele que, sem interesse e no espírito de renúncia, executa o seu trabalho e não deseja recompensa alguma.

50
Ouve agora, ó filho da terra, como o sábio que encontrou paz verdadeira alcança perfeição em Brahman, o Ser Supremo, e entra na beatitude da existência pela compreensão.

51
O homem que realizou a sua purificação mental é inteiramente devotado a mim, firmemente consolidado na Verdade, senhor de si mesmo, livre de apego e de aversão.

52
Quem vive num ambiente de pureza e harmonia, comendo moderadamente, controlando o corpo, a língua e a mente, e com a consciência focalizada no verdadeiro Eu, mediante a contemplação espiritual — este está firmemente estabelecido na serenidade da renúncia.

53
Isento de egoísmo, violência, ganância e cobiça, desapegado do "eu" e do "meu", sereno e calmo dentro de si mesmo — este homem se torna um com Brahman.

54
E integrado no espírito de Brahman, alcança o seu Eu divino o eterno descanso; já não chora por nada, não tem desejo de nada, não luta por nada, não tem cobiça de coisa alguma.

55
Porque dentro de si mesmo possui tudo. Quando o homem se integra em mim é um comigo; dele são minha Grandeza, meu Poder, meu Ser, minha Vida, minha Sabedoria, minha Beatitude.

56
E ainda que esse homem peregrine na terra, em corpo terrestre, persevera firme na minha graça, e por meu poder encontra a sua meta.

57

O que quer que fizeres, faze-o no espírito da renúncia, tendo em mente a mim, o Senhor do mundo. Deixa a mim o cuidado pelo sucesso; pensa em mim e oferece-me o teu coração e a tua alma.

58

Confia em mim e vive na fé em mim. Pelo poder da minha graça alcançarás vitória sobre todos os obstáculos; mas se confiares somente em tua força pessoal, e não em mim, serás derrotado.

59

Se, autoiludido, disseres "não lutarei", iludes a ti mesmo; e a própria Natureza, em virtude dos seus atributos, te obrigará a lutar.

60

O que procuras evitar, iludido pelas aparências, a isso mesmo serás compelido finalmente, contra a tua vontade, mercê das forças que vivem no íntimo do teu ser.

61

No interior de cada criatura habita o Mestre, e por meio de Maya, sua manifestação cósmica, impele todos os seres a gravitarem em torno dele, assim como as periferias da roda giram em torno do seu eixo central.

62

Refugia-te a ele, invoca o seu auxílio, a ele te entrega com toda a alma — e por sua graça alcançarás a paz, a suprema beatitude da tua vida.

63

Destarte, acabo de explanar-te o mais profundo dos mistérios. Medita intensamente no que ouviste e faze a tua escolha.

64

E agora escuta a mais sagrada das minhas revelações: amo-te, e por isso te revelo o que é pelo teu bem.

65

Deixa-me governar o teu coração; entrega-te todo a mim com fé inabalável, e sê totalmente meu. É o que te prometo, porque me és caríssimo.

66

Abre mão de todos os desejos, ritos e usanças tradicionais; recorre a mim, o teu único refúgio, e eu te redimirei de todos os males; evita todo o temor.

67

Não reveles jamais esta doutrina a quem não possua autodomínio e devotamento total, nem àqueles que não a queiram abraçar praticamente; nem a reveles aos vaidosos que não creem em mim.

68

Todo homem que, com reverência, ensinar esse mistério sublime aos meus devotados servidores, esse virá ter comigo.

69

Serviço melhor do que esse ninguém me pode prestar, nem ninguém me é mais caro do que esse homem.

70

E também aquele que lê e medita com devoção este sagrado colóquio e se aproveita, esse me oferece grato sacrifício de sabedoria — na verdade, assim é!

71

Aquele que põe a sua confiança nesta doutrina e a aceita com fé, aquele que possui a sabedoria de lhe penetrar o sentido profundo e por ela orientar a sua vida — esse, após a morte, entrará na paz da mais alta beatitude.

72

Ouviste e compreendeste tudo isto, ó nobre príncipe? Libertaste de cuidados vãos o teu coração? Dissipou-se a treva que te envolvia a alma?

FALA ARJUNA:

73

Tudo compreendi, Senhor dos céus! Desertou de mim a tristeza; tua graça iluminou o meu coração e transfigurou a minha alma. Dissiparam-se as dúvidas; resplandece clara a verdade — e farei o que o teu verbo me mandou.

FALA SANJAYA:

74

É esse o maravilhoso diálogo entre o Senhor dos céus e o filho da terra, assim como o escutei. Sagrado assombro me fez estremecer o coração, quando o percebia.

75

Pela graça de Deus, e não por força própria, percebi o sacro mistério, a doutrina de ioga revelada pelo Senhor de ioga. Assim me foi revelada.

76

E todas as vezes que disso me recordo, enche-se-me de sagrado júbilo o coração; grande é a minha alegria, indizível é a beatitude que empolga a minha alma.

77

O que senti não o posso descrever, quando contemplava o Senhor dos céus. Adorar e pasmar — é só o que o homem pode fazer quando se lhe revela a luz da Divindade.

78

Onde quer que Krishna, o Senhor de ioga, governe, e onde Arjuna o sirva, ali é segura a vitória. Bênção e felicidade o acompanham — é essa a força da liberdade. Deveras, é essa a verdade!

Glossário

A

ACARYA

Mestre espiritual que ensina por seu próprio exemplo.

ADVAITA

Não dualismo, ou monismo. Uma das três escolas de filosofia vedanta, fundada por Sankaracharya, sábio brahmin do século VIII ou IX de nossa era. O coração da sua doutrina está na afirmação *Tat Vam Asi*, ou seja, a identificação do homem com Deus.

AHIMSA

Da raiz *Han*: matar; *Himsa*: "intenção de matar"; *a-himsa*: não danar, entendendo-se como não provocar nenhum tipo de sofrimento a nenhuma criatura. É o primeiro mandamento do Yama, ou "disciplina geral", exigida daqueles que aspiram ao samadhi, e consiste em renunciar à intenção de prejudicar alguém com pensamentos, palavras ou atos. Não violência.

AKARMA

(Naiskarma) ação pela qual não se sofre nenhuma reação porque é executada em consciência de Krishna.

ANANDA
Bem-aventurança transcendental.

ARIANO
Aquele que conhece o valor da vida e tem uma civilização baseada na realização espiritual. Nobre, valente.

ASHRAM
Literalmente: ordem, hierarquia, retiro. Edifício sagrado, mosteiro ou eremitério para fins ascéticos.

ATMA
A mônada divina no homem. Segundo a filosofia vedanta, o Atma é individualmente idêntico a Deus.

AVATARA
(Lit., aquele que descende.) Uma encarnação da Divindade que descende do céu espiritual para o universo material com uma missão particular descrita nas escrituras.

AVIDYA
(*A* — não, *vidhya* — conhecimento.) Necessidade, ignorância.

AUM
A sílaba sagrada, mística; emblema da Divindade. O símbolo da eternidade. Com essa sílaba começam os Vedas, e com ela terminam, indicando que ela é o início e o fim deste universo. A pronúncia desta sílaba é Om, pois, no sânscrito, a vogal *o* forma-se pelo ditongo *a* + *u*. O mais sagrado dos mantras orientais.

B

BHAGAVAD

Variação de *bhagavant*, em sânscrito significa sublime. *Gita*, pronuncia-se guitá — canção. Note-se que, nas palavras sânscritas, *g* tem sempre o som gutural; *h* é aspirado; *sh* lê-se como o *ch* ou *x* chiante (em chá, xarope); *â*, *î*, *u* têm o som prolongado; *y* é um *i* brevíssimo; *ch* soa *tch*.

BHAGAVAN

(*Bhaga* — opulência, *van* — possuindo.) O possuidor de todas as opulências, que são geralmente seis — riqueza, força, fama, beleza, conhecimento e renúncia; um epíteto da Individualidade Suprema.

BHAKTI

Amor a Brahman; serviço purificado dos sentidos do Senhor por meio dos próprios sentidos da pessoa.

BHAKTI-IOGA

O sistema do cultivo de *bhakti*, ou serviço devocional puro, que não é manchado pela gratificação dos sentidos ou especulação filosófica.

BHIMA

Um dos cinco irmãos Pandava.

BHISHMA

Um grande devoto e membro e mais velho da família da dinastia Kuru.

BRAHMA

O primeiro ser vivo criado. É o Deus-criador. A existência relativa.

BRAHAMACHARYA

O voto de estrita abstinência sexual.

BRAHMAN

O supremo e agnoscível princípio do universo, de cuja essência tudo emana e à qual tudo volta. A divindade Universal. A essência absoluta.

BRAHMA-SUTRA

Veja Vedanta-sutra.

BRAHMA VIDYA

A ciência a respeito de Brahma e sua verdadeira natureza. Literalmente: ciência ou sabedoria divina.

BUDDHA

Literalmente: "o iluminado"; o ser perfeito, absolutamente livre de toda atadura ou ilusão.

BUDHI

Da raiz verbal sânscrita *budh*: despertar, tirar do sonho, refletir, pensar. *Budhi* significa o conhecimento seguro sobre algo dado, conhecimento que não permite dúvida. Órgão que discrimina; inteligência intuitiva, razão.

C

CHAKRA

Roda, círculo, disco. Utiliza-se essa palavra para nomear os sete centros de energia, padmas, plexos ou lótus que existem no corpo humano. Estes chakras são, do inferior ao superior: *Muladhara*, chakra raiz ou básico, localizado na base da coluna vertebral, entre o nascimento dos órgãos genitais e o ânus; *Swadhistana*, chakra do baço; *Manipura*, chakra do umbigo; *Anahata*, chakra cardíaco, localizado no coração; *Vishuddha*, chakra laríngeo, está à frente da garganta; *Ajna*, chakra frontal, entre as sobrancelhas; *Sahasrara*, chakra coronária, no alto da cabeça.

CHITA

A mente material e, às vezes, memória. É o particípio do verbo *cint/cit*: pensar; assim sendo, indica tudo quanto foi experimentado ou agido pela mente.

D

DEVA

Um semideus ou pessoa divina.

DHARMA

Da raiz *Dhr*: levar, suster, portar. Significa: "o que sustém, mantém unido ou elevado". É a lei universal e também a lei particular, a justiça ideal, que faz que as coisas sejam o que são, o que "devem ser". É também a capacidade de prestar serviço, que é a qualidade essencial do ser vivo.

DRUPADA

Um guerreiro dos Pandavas no Campo de Batalha de Kuruksetra. Sua filha Draupadi era a esposa dos Pandavas, e seu filho Dhrstadymna dispôs as falanges militares dos Pandavas.

DURYODHANA

O chefe dos filhos malvados de Dhrtarastra. Foi para estabelecê-lo como rei do mundo que os Kurus lutaram na Batalha de Kuruksetra.

G

GANDIVA

O nome do arco de Arjuna.

GANGES

O rio sagrado que corre simbolicamente por todo o universo, começando dos pés de lótus de Vishnu. Recomenda-se a pessoas que praticam o caminho espiritual tomarem banho no Ganges, localizado na Índia, para se purificarem.

GAYATRI

Uma vibração transcendental cantada pelas classes devidamente qualificadas dos duas vezes nascidos para a realização espiritual.

GOVINDA

Nome de Krishna. "Aquele que dá prazer à terra, às vacas e aos sentidos."

GUNAS

Qualidades, modalidades, atributos. *Prakriti*, a matéria, caracteriza-se pelas três gunas, ou qualidades, a saber: inércia (tamas), atividade (rajas) e harmonia (sattva). Essas não são simples acidentes de *Prakriti*, são da sua própria natureza e formam parte da sua composição. Igualmente são as três qualidades de Maya. Quando em uma criatura predomina a *guna-tamas*, essa criatura é torpe, preguiçosa, apática. Se predominar *rajas*, será agressiva, impulsiva, orgulhosa, e se for *sattva*, será equilibrada, harmoniosa, compreensiva. Não há coisa deste mundo que esteja livre da influência dessas gunas.

GURU

Shrotriam Brahmanishtan Guruhu, ou seja, Guru, é aquele que teve a visão de Brahman. Aquele que chegou a seu templo interior, unificando-se com seu íntimo Ser; por isso está capacitado para ensinar o caminho aos que vão atrás dele na dura ladeira da ascensão espiritual; preceptor, mestre espiritual, guia.

H

HATHA-IOGA

Ha: Sol; *Tha*: Lua; *Hatha*: Sol-Lua; o significado literal seria a união do Sol com a Lua, ou melhor dizendo, a harmonia do prana solar com o lunar, na criatura humana. Esses pranas ou energias circulam através das narinas; o solar entra pela narina direita, e o lunar pela esquerda. Levando em conta que o prana é a energia elemental do universo manifestado, seu domínio do corpo humano denota uma extrema disciplina dos veículos inferiores, requisito indispensável para o desabrochar de Atma e sua consequente união com Paramatma. A maioria dos grandes conhecedores dessas sublimes ciências afirma que a Hatha-Ioga é somente uma preparação física e que de maneira alguma constitui uma doutrina capaz de conduzir à união final. Por isso se diz que ali onde termina o

Hatha-Ioga começa a *Raja-Ioga*, termo que advém do indo-europeu raj, que significa rei pela vontade de Deus, rei consagrado. Um sistema de exercícios corpóreos para ajudar a controlar os sentidos.

I

IOGA

Da raiz *Yuj:* unir. Literalmente: união, conexão, harmonia, relação. É a perfeita união do homem com a divindade. Patanjali define a ioga como a arte de suspender ou deter as funções da mente.

IOGUE

Devoto, asceta, místico; que pratica ioga.

IKSVAKU

Um filho de Manu que recebeu o conhecimento do *Bhagavad Gita*, no passado.

ISHVARA

Literalmente: "soberana existência". É o espírito divino no homem, o aspecto de total compreensão da força vital em sua evolução e penetração do cosmos. É comparável a um bosque ou um oceano que tudo contém. Também se dá o nome de Ishvara à mônada vital, porque é uma faísca de pura luz divina transcendente, e participa da onipotência da divina essência.

J

JAPA

Cantar suave dos santos nomes de Brahman executado com a ajuda de 108 contas de rezar.

JNANA

Conhecimento. *Jnana* material não vai além do corpo material. *Jnana* transcendental faz distinção entre matéria e espírito. *Jnana* perfeita é o conhecimento do corpo, da alma e de Brahman.

JNANA-IOGA

O processo predominantemente empírico de estabelecer o elo com o Supremo, que se executa quando a pessoa ainda está apegada à especulação mental.

JNANI

Uma pessoa que está ocupada no cultivo de conhecimento (especialmente por meio da especulação filosófica). Ao alcançar a perfeição, um jnani se integra em Krishna.

K

KAIVALYAM

O estado de realização da própria posição constitucional como parte e parcela de Brahman, que é preliminar à manifestação das atividades na plataforma de serviço devocional.

KALY-YUGA

A era das desavenças, a quarta e última era no ciclo de uma maha-yuga. Esta é a era na qual estamos vivendo agora. Dura 432 mil anos, dos quais já se passaram cinco mil.

KARMA

Da raiz Kr: fazer, obra, ação, rito, execução. É a lei da ação e se divide em três momentos ou etapas, a saber: *Sanchita-Karma* (*Sanchita*: acumulado, amontoado) é o resultado de todas as nossas ações passadas, mas que ainda não começaram a germinar, amadurecer e transformar-se na colheita de uma vida; *Prarabda Karma* (da raiz *Prakk*: antecipado; e *arabda*: começando) é o *Karma* colhido e acumulado no passado, mas que já começou a produzir frutos na forma de acontecimentos presentes. É a parte do *Sanchita* que vai ser vivida no momento atual. *Agami-Karma* (*Agami*: vindouro) é o destino que ainda não temos assumido, aquele que, sendo efetuado (semeado) agora, será incluído em Sanchita. Sintetizando, *Karma* é a lei de ação e reação, de causa e efeito.

KARMA-IOGA

(1) Ação em serviço devocional; (2) ação executada por pessoa que sabe que a meta da vida é Krishna, mas que está adicta aos frutos de suas atividades.

KRISHNA

É o representante do Verbo Divino ou Logos (Cristo em nós). O nome original do Ser Realizado. A Suprema Individualidade de Brahman; orador do *Bhagavad Gita*.

KUMBHAKA-IOGA

Suspensão completa das correntes de ar dentro do corpo.

KUNDALINI

O fogo místico, o poder serpentino, a energia primordial. É o poder cósmico no homem. É a sutil energia do Ser que, uma vez purificada, direciona o homem para sua unidade ou raiz, Brahman, e o transforma em alma perfeita. Nasce na boca do *Nadi Sushuma*, que vai do *Muladhara Chakra* até o *Brahmaranda*, atravessando assim todo o conduto espinhal.

KURUKSETRA

Nome de um lugar sagrado de peregrinação desde os tempos antigos. Fica perto de Nova Délhi, Índia.

KURUS

Todos os descendentes do rei Kuru, mais especificamente dos cem filhos de *Dhrastra*. Os *Pandavas* também eram descendentes do rei Kuru, mas Dhrastra queria excluí-los da tradição familiar.

L

LAYA

Palavra derivada da raiz *Li*: dissolver, desintegrar. Ponto de equilíbrio. É o fim do universo integrado; o desaparecimento como ilusão fenomênica. É o ponto da matéria por cima e por baixo do qual cessou toda diferenciação ou mudança de manifestação.

M

MAHABHARATA

Grande poema épico escrito por Vyasadeva, que descreve as aventuras dos Pandavas. O *Bhagavad Gita* está incluído no *Mahabharata*.

MAHARISHI

Grande vidente ou sábio.

MAHATMA

Uma grande alma, uma pessoa que realmente compreende que Brahman é tudo e portanto se rende a Ele.

MAHA-YUGA

Um período de tempo. Dura 4.230.000 anos solares.

MANAS

Da raiz *Man*: pensar. É a faculdade mental, o intelecto, que flui e está em contínuo movimento. Junto a *Ahankara* e *Budhi* constituem o "órgão inteiro", ou Antahkarama.

MANTRA

(*Man* — mente, *tra* — liberação). Uma vibração sonora pura para libertar a mente de suas inclinações materiais. O mais sagrado dos mantras orientais é *Om*.

MANU

O semideus administrador que é o pai da humanidade.

MAYA

Ilusão. O Poder cósmico que faz possível a existência fenomênica e as percepções dela. De acordo com a filosofia hindu, somente aquilo que é imutável e eterno merece o nome de realidade; tudo o que está sujeito à mudança e que, portanto, tem princípio e fim é considerado Maya.

MOKSHA

Liberdade, resgate, emancipação. É a libertação final de todo laço ou obstáculo, a união definitiva com Brahman, após a qual já não se volta a reencarnar. Equivalente a nirvana.

MUKUNDA

Nome de Krishna, "o que dá a libertação".

MUNI

Um sábio ou alma autorrealizada.

N

NADIS

Da raiz Nad: movimento. São condutos, canais, tubos de matéria astral por onde fluem as correntes vitais ou forças prânicas e psíquicas. Sua composição é de matéria sutil, portanto não podem ser vistos nem pode ser demonstrada sua existência em nível físico. Num corpo humano existem de 72 mil a 3.500 milhões, segundo diversos autores. Os mais conhecidos são: *Sushumna*, *Ida* e *Pingala*.

NAISKARMA

Veja *Akarma*.

NIRGUNDA

(*Nir* — sem, *guna* — qualidade.) Que não possui atributos. Quando aplicado a Deus, refere-se à manifestação dos atributos materiais.

NIRVANA

A palavra designa a desaparição de todas as ilusões; é o domínio completo do espírito sobre a matéria. Quietação. É o repouso da verdade eterna.

O

OM TAT SAT

As três sílabas transcendentais usadas pelos brâmanes para a satisfação do Supremo, quando cantam hinos védicos ou oferecem sacrifício. Elas indicam a Suprema Verdade Absoluta, a Individualidade de Brahman.

P

PANDAVAS

Os cinco filhos do rei Pandu: *Yudhisthira*, *Arjuna*, *Bhima*, *Nakulas* e *Sahadeva*.

PARAMAHAMSA

A classe mais elevada de devotos que realizaram Brahman.

PATANJALI

Uma grande autoridade no sistema de *astanga-ioga* e autor do *Iogasutra*.

PRANA

Alento de vida, energia vital. A vida que impregna todo corpo vivo, do mais insignificante ao mais complexo. É a porção da vida universal, onipresente, eterna, indestrutível, individualizada ou assimilada a um corpo em particular; quando esse corpo morre, o prana volta ao oceano da vida cósmica.

PRANAYAMA

Controle, disciplina e domínio da respiração em seus três momentos ou etapas: a) inspiração (do prana ou ar vital), chamada *Pura-Ka*; b) retenção, acumulação ou anulação de qualquer movimento de entrada ou saída; recebe o nome de *Kumbaka*; c) expiração lenta e prolongada, deixando os pulmões quase vazios; corresponde a *Rechaka*. Os exercícios de Pranayama têm por objetivo dominar as energias vitais e purificar o veículo físico, e são os passos preliminares da Raja-Ioga.

PRATYAHARA

Cessação das atividades sensoriais (uma das oito partes do sistema de astanga-ioga).

R

RAJAS

Literalmente: "impureza". Ação, atividade, paixão. É uma das três gunas, ou qualidades, da matéria (ou Maya). Predomina no reino humano e, às vezes, assemelha-se ao "pó", que cobre todas as coisas. A cor correspondente é o vermelho (ver Gunas).

RAMA

(1) Nome da Verdade Absoluta como a fonte de prazer ilimitada para os transcendentalistas; (2) encarnação de Brahman como um rei perfeito (Senhor Ramacandra).

RISHI

Vidente, sábio, profeta.

S

SADHU

Homem santo, devoto.

SAKHYA

(1) Processo de ioga devocional descrito pelo Senhor Kaplia no *Srimad-Bhagavatam*; (2) compreensão analítica do corpo e da alma.

SAMADHI

Sam-adha: "possessão de si próprio". É o último passo e experiência da ioga; é a absorção completa e total na verdade una, na qual o ego se dissolve como a luz de uma vela e se confunde na brilhante luz do dia, depois do amanhecer. Fala-se da existência de duas classes de *Samadhi*: o *Savikalpa*, ou *Samadhi* com modificações, no qual, embora a mente esteja purificada, ainda não desapareceu dela a distinção entre o conhecedor, o conhecimento e as coisas conhecidas. O intelecto está em atividade, portanto a liberação não pode ser atingida. O *Nirvikalpa*, ou *Samadhi* sem modificações, é a extinção das diferenças percebidas entre conhecedor, conhecimento e objeto do conhecimento. O eu desaparece e, com ele, a consciência desse eu que determina as ilusórias distinções. O *Nirvikalpa* é a real absorção no Divino.

SAMSKARA

Este é um termo de amplas significações, a saber: impressão, influência, operação, forma, molde. Deriva da raiz verbal *Kr*: fazer. *Sams-Kr*: preparar, dar forma a algo para ser utilizado, mudar ou transformar. Também "o que foi trabalhado, cultivado e configurado". *Samskara* designa então os germens das inclinações e impulsos que advêm dos nascimentos anteriores para serem desenvolvidos nesta ou em futuras encarnações. Por outro lado, são as impressões deixadas na matéria mental pelos hábitos, sensações, percepções, etc.

SANKARACARYA

Uma encarnação do Senhor Shiva que apareceu no século VIII para propagar uma filosofia impersonalista com o objetivo de erradicar o budismo na Índia e restabelecer a autoridade dos Vedas.

SANYASI

Sannya: riqueza, e *nyasa*: renúncia, abandono; ou seja, renúncia das riquezas. O quarto estágio da vida humana, a corda da existência, no qual se renuncia a todos os bens materiais e, solitariamente, procura-se a reunião com Deus por meio do Samadhi. As etapas precedentes são: *brahmacharya, grehasta* e *vanaprastha*.

SAT

Ser, essência, realidade, pureza, bondade. *Sat* é Ser, mas Ser como deve ser (dharma), isto é, perfeito. A essência divina, a primeira e última realidade. Um dos três atributos do Absoluto ou Brahman: Sat (ser), Chit (sabedoria suprema) e Ananda (felicidade sublime).

SATTVA

Da raiz ser; ou seja, "ser como deve ser". Literalmente: bondade, pureza, harmonia, entendimento, claridade, perfeição. É o estado ideal de ser. A primeira das três gunas, ou qualidades da matéria (Maya). Predomina nos deuses e nas criaturas celestiais, nas pessoas totalmente desapegadas e voltadas para fins espirituais. O branco é a cor que lhe corresponde (ver Gunas).

SHIVA

No panteão indiano, representa o arquétipo do asceta, o Deus da libertação, o Iogue dos iogues, o destruidor da ilusão ou da ignorância. É a terceira pessoa da Trimurti, ou trindade: *Brahma, Vishnu, Shiva*. Diz a tradição que esse deus está no monte Kailasa, no Himalaia, absorto em contínua meditação.

SIDDHIS

Literalmente significa atributos de perfeição. São poderes extraordinários que se adquirem como decorrência da purificação e elevação da consciência. Geralmente se fala de oito poderes.

T

TANTRA

Literalmente: tear, urdume, sistema, ritual. Determinadas obras místicas e mágicas, cuja peculiaridade é o culto do poder feminino, personificado em *Zakti*. A maior parte dos tantras é dedicada a uma das múltiplas formas da esposa de Shiva, e está escrita em forma de diálogo entre ambas as divindades. É possível que o tantra tenha suas raízes em terras não arianas, pré-arianas, drádivas.

TATTVA

Os princípios abstratos da existência, ou categorias físicas e metafísicas. Equivalente às categorias de Aristóteles. Os tattvas são cinco, a saber, *Akasha* (definido como aquilo que tem a capacidade de conter, ou seja, o Espaço); *Vayu* (ar), *Agni* (fogo); *Apas* (água); e *Priviti* (terra). Esses cinco tattvas correspondem aos cinco sentidos, dando origem às sensações do ouvido, do tato, da visão, do gosto e do olfato.

U

UPANISADS

As seletas filosóficas dos Vedas, como os Isa Upanisad, Katha Upanisad, etc. Eles somam um número de 108.

UTTARA GITA

Deriva o seu nome da partícula sânscrita *Ut*: elevação, cume; *Gita* é canto, canção. Assim, poderíamos traduzir o conjunto desses dois termos como "canto final", ou "canto supremo".

V

VASUDEVA

O pai do Senhor Krishna. Nas Escrituras Sagradas, o homem perfeito é chamado *Vasudeva*: "Filho do Homem".

VEDANTA

Veda: sabedoria, conhecimento último *Anta*: fim. Literalmente: "fim ou coroa dos Vedas", ou também "fim e objeto de todo conhecimento". Antiquíssima doutrina mística, dividida mais tarde em três escolas:

Dvaita (dualista), *Vizichtadvaita* (dualista com diferenciações) e *Advaita* (monista).

VEDANTA-SUTRA

(Brahma-sutra) o tratado filosófico escrito por Vyasadeva para dar a conclusão de todos os Vedas.

VEDAS

As quatro escrituras védicas (Rig, Yajur, Sama e Atharva-Vedas) e seus suplementos: os *Puranas*, *Mahabharata*, *Vedanta-sutra*, etc. Visão, conhecimento. É a *Bíblia* do Oriente.

VIKALPA

Dúvida, fantasia, ilusão. São as ideias imaginárias, que carecem totalmente da garantia da percepção. Irrealidade. Uma das cinco modificações da mente.

VIKARMA

Trabalho não autorizado ou pecaminoso, executado contra as injunções das escrituras reveladas. Falso-agir.

VISHNU

O ser que ocupa o segundo lugar na trindade hindu (Brahma, Vishnu e Shiva). É o rei dos deuses solares ou da energia solar. Suas apresentações são muitas; entre as mais frequentes, é visto descansando sobre a grande serpente *Ananta*, que é o símbolo da eternidade; ou cavalgando a ave *Garuda*, que representa o grande ciclo, ou idade de Brahman.

Y

YUGA

Vasto período de tempo. Uma das quatro idades do mundo, a saber: *Krita Yuga* (idade de ouro), *Treta Yuga* (idade de prata), *Dwapara Yuga* (idade de bronze) e *Kali Yuga* (idade de ferro, ou idade negra).

© *Copyright* desta tradução: Editora Martin Claret Ltda., 1975.

Direção
MARTIN CLARET

Produção editorial
CAROLINA MARANI LIMA / MAYARA ZUCHELI

Diagramação
GIOVANA QUADROTTI

Projeto gráfico e direção de arte
JOSÉ DUARTE T. DE CASTRO

Capa e ilustrações de miolo
WEBERSON SANTIAGO

Tradução e notas
HUBERTO ROHDEN

Revisão
WALDIR MORAES

Impressão e acabamento
PAULUS GRÁFICA

A ORTOGRAFIA DESTE LIVRO SEGUE O NOVO ACORDO ORTOGRÁFICO DA LÍNGUA PORTUGUESA.

Dados Internacionais de Catalogação na Publicação (CIP)
(Câmara Brasileira do Livro, SP, Brasil)

Vyasa, Krishna Dvapayana.
Bhagavad Gita / Krishna Dvapayana Vyasa; traduzida das versões inglesa e alemã e enriquecida com notas explicativas por Huberto Rohden. — São Paulo: Martin Claret, 2019.

ISBN 978-85-440-0242-1

1. Bhagavad Gita 2. Filosofia oriental 3. Hinduísmo – Livros sagrados I. Rohden, Huberto, 1893-1981. II. Título.

19-30553   CDD-294.5924

Índices para catálogo sistemático:

1. Bhagavad Gita: Livros sagrados: Hinduísmo   294.5924
Maria Paula C. Riyuzo - Bibliotecária - CRB-8/7639

EDITORA MARTIN CLARET LTDA.
Rua Alegrete, 62 — Bairro Sumaré — CEP: 01254-010 — São Paulo — SP
Tel.: (11) 3672-8144 — www.martinclaret.com.br
1ª Reimpressão – 2021

CONTINUE COM A GENTE!

- Editora Martin Claret
- editoramartinclaret
- @EdMartinClaret
- www.martinclaret.com.br

IMPRESSO EM PAPEL
Pólen
mais prazer em ler